今日の家族をめぐる日仏の法的諸問題

Problèmes juridiques concernant la famille
d'aujourd'hui en France et au Japon

西海 真樹
山野目 章夫 編

日本比較法
研究所研究叢書
(52)

日本比較法研究所

はしがき

　1998（平成10）年10月8日から9日にかけて中央大学多摩校舎において，日本比較法研究所主催のシンポジウムが開催された．このシンポジウムは中央大学とエクス・マルセイユ第Ⅲ大学との間の学術交流20周年を記念するものであり，中央大学国際交流センターの交流20周年事業の一環をなす（しかも最大の）企画でもあった．このシンポジウムのテーマは「今日の家族をめぐる日仏の法的諸問題 — problèmes juridiques concernant la famille d'aujourd'hui en France et au Japon —」であり，家族の問題について家族法，財産法は勿論のこと憲法や国際公・私法の観点からも多角的に検討がなされた．幸い，同シンポジウムでは多数の研究者の参加を得て，活発な議論が交わされ，盛会裡に終了した．本書は同シンポジウムの成果を収めたものである．多くの読者の方に同シンポジウムの成果を知っていただけることは，当時日本比較法研究所所長を務めており，同シンポジウムに関わっていた私にとって大きな喜びである．

　思えば，エクス・マルセイユ第Ⅲ大学と中央大学・日本比較法研究所との間の20年間の交流は実りの多いものであった．1978（昭和53）年4月の交流協定締結後に限ってみても，エクス側からは22名の教授が中央大学へ来訪し，中央大学からは16名の教授がエクスを訪れて，各々研究・教育活動に従事してきており，それぞれの研究成果が日本比較法研究所の研究・翻訳叢書及び比較法雑誌において公刊されている．そして今回のシンポジウムにはジャック・メストル（Jacques MESTRE）他2名の教授が参加し，中央大学からは5名の所員が報告・通訳として参加したほか，多くの研究所員，嘱託研究所員，大学院生そして事務局スタッフの助力を受けた．

　また，学(院)生がエクス・マルセイユ第Ⅲ大学に留学し，そこでの研究成果を足がかりとして研究者として活躍している例も少なくない．

　その他，掲げれば相当の紙幅を費やすほど二大学間の20年間の交流が齎し

た成果は多い．

　ただ，残念なことは，エクス・マルセイユ第Ⅲ大学と中央大学の学術交流の進展に大きな役割を果たした，フェルナン・ブーラン教授がテロリストの凶弾に倒れ，また，高柳先男教授が病魔に冒され逝去されたことは痛恨の極みであった．

　ところで，エクス・マルセイユ第Ⅲ大学と中央大学の交流20周年は記念すべきことではあるが，両大学の交流の一つの通過点であることも間違いない．私達は両大学の交流がさらに幅を広げ，深みを増しつつ進展してゆくことを期待し，また，その努力を重ねていきたい．

　さいごに，本シンポジウムの開催と本書の刊行に助力を惜しまなかったすべての関係者，とりわけ，ジェラール・レジエ（Gérard LÉGIER）教授，ジャック・ラヴァナス（Jacques RAVANAS）教授，西海真樹，野澤紀雅，植野妙実子各所員，山野目章夫教授に感謝申し上げたい．また，本書の刊行に当って，日本比較法研究所の加藤清事務室長はじめ事務室のスタッフおよび中央大学出版部の矢崎英明副部長に御礼を申し上げたい．

2000（平成12）年6月

　　　　　　　　　　　　　　　　　　　　　日本比較法研究所
　　　　　　　　　　　　　　　　　　　　　前所長　椎　橋　隆　幸

刊行によせて

　日本比較法研究所は，1998年秋に，エクス・マルセイユ第Ⅲ大学からの学術代表訪問団を迎えて学術シンポジウムを催した．本書は，その際の研究成果を収めるものである．

　中央大学とエクス・マルセイユ第Ⅲ大学とのあいだにおいては，学術交流協定が結ばれており，この協定に基づいて，研究者の相互派遣および学生の相互受入などの研究・教育上の国際交流事業が進められてきた．この学術交流協定が成立したのは，1978年であり，1998年をもって，協定運用が20周年を迎えることとなった．今般のシンポジウムは，この20周年を記念する趣旨のものである．

　この学術協定は，その運用が始まってから，今日に至るまで，きわめて貴重な研究・教育上の成果をもたらしてきた．日本比較法の叢書として公刊されたものに限っても，小島武司他編『フランスの裁判法制』(研究叢書第19巻，1991年) およびその欧文版『Système juridique français』(同第22巻，1992年) をはじめとして，ジェラール・レジエ＝ジョルジュ・リーブ『フランス私法講演集』(植野妙実子＝山内惟介＝山野目〔訳〕，翻訳叢書第36巻，1995年) や，植野編訳『フランス公法講演集』(同第40巻，1998年) の四点を数える．さらに，同研究所の創立40周年記念論文集 (*Conflict and Integration : Comparative Law in the World Today*, 1988) および創立50周年記念論文集 (*Toward Comparative Law in the 21st Century*, 1998) には，エクス・マルセイユ第Ⅲ大学側から，延べ七人の教授が寄稿してくださった．

　もっとも，このように言うことは，ここ20年の学術交流に基づく研究者の

往き来が，論文を読むことと書くことのみに終始する味気ないものであったとの誤解を与えるかもしれない．一国の法律運用がその国の文化・文明の一翼を構成するものであるという事実に立脚するならば，そのようなことがあろうはずはないことは，言うまでもないことであろう．互いの法律文化を理解しようとする営みは，あるいは来日したエクスの同僚とともに温泉に浸かり，あるいは訪仏した同僚がセザンヌの描いたサント・ヴィクトワール山に登り，といった楽しい一幕一幕とともに進められたし，それらにおいて常に葡萄酒が不可欠の燃料であったことは，これもまた，ことあらためて言うまでもないことである．

おそらくは，そのような親密な雰囲気から自ずと湧き出てきたアイデアであろうか．20周年が近づいてきた1996年頃から，学術交流に基づく事業の一環である教員の交換として相互訪問がなされた折などに，日仏どちらからともなく，協定運用が一つの節目を迎えるに当り，それにふさわしい学術的な何らかの催しを企画してはどうか，という構想が持ちあがった．1997年3月には中央大学国際交流センターからも，交流20周年を記念するにふさわしい事業を行うよう，日本比較法研究所に協力依頼があった．さいわいにして，この構想は，同研究所所員の総意の支持するところとなり，同研究所の主催のもとに，両大学関係者が会する学術シンポジウムを催すことが，1997年6月の所員会において決定をみた．シンポジウムの主題は，両大学の協議に基づいて《家族》をめぐる諸問題の考究ということとし，私たち二人を企画責任者とすることも，合わせて決定された．

《家族》という主題が，公法・私法両分野を含む法律学にとってのみならず，ひろく社会科学にとって重要な関心事の一つであることは，改めて説くまでもないであろう．むしろ強調されるべきは，近時において，この主題に対するアプローチは，さまざまな意味において《国際的な問題の把握》という観点を交錯させてこそ初めて立体的な理解が可能となる素材となってきている，ということである．大学間学術交流の主題として《家族》を選ぶにあたり私たちがこのように考えたことが，あながち的外れではなかったであろうことは，たとえ

ば日仏法学会による近時の共同研究の主題としての類似の観点から《家族》がかかげられていること（『日仏法学』22号，2000年，344頁を参照）などによっても，裏づけることができるように思われる．ここでは，この私たちの大学間交流の背景をなす問題意識の一端を確認しておく意味において，中央大学の学内広報誌である「*Hakumon*　ちゅうおう」141号（1998年10月）に「企画責任者からのメッセージ」として山野目の名で載せた本シンポジウムの案内を再録しておくこととしよう．

「出産に際し母は，その身元を秘するべきことを求めることができる．1993年に改正されたフランス民法典の341-1条は，このように定めています．私たちの感覚からは，少し理解しにくい規定ですね．学術用語上の整理としては，匿名出産とよばれることもありますが，彼地においては，〈マドモアゼルXによる出産〉と称されています．こちらのほうがわかりやすいかもしれません．しかし，それにしても，おどろかされる制度です．このような制度が導入された背景には，どのような事情があるのでしょうか．他方，日本においても，親子関係の考え方をめぐり，学界においては活発な論議が展開されています．

このような現代的な問題状況を念頭に置きながら，中央大学日本比較法研究所においては，この秋に，〈家族〉をキーワードとするシンポジウムを催すことにしました．このシンポジウムは，本学とエクス・マルセイユ第Ⅲ大学とのあいだにおいて結ばれた学術交流協定の20周年を記念して催されるものです．

法律学あるいは，より広く社会諸科学は，今日の時代状況の中で，〈家族〉にどのような位置づけを与えるべきでしょうか．国家権力による様々な規制や，企業に代表される中間的な団体の束縛からの個人の解放を考えるときに，唯一の自然的集団である家族は，そのための究極の砦であり，その基礎を築く上で，民法が定める婚姻や親子の制度は重要な前提をなすはずです．そして，そのような家族の実質的な営みを支える条件としては，労働時間法制や社会保障法制の支援が欠かせません．また，自営業を営むカップルを想定するならば，これを経営の単位という観点からも捉えることができるでしょう．ほら，フランス

映画に，よく夫婦が営むパン屋や肉屋が出てきますよね．日本にだって，そういう八百屋・魚屋さんは，めずらしくありません．一個の企業という観点で捉えた家族も興味ある問題を提起してくれるのではないでしょうか．

　しかし半面では，家族もまた，一つの集団的束縛として，個人の前に立ちはだかることがあります．このことは近時，旧来的な家意識の封建性とは別の文脈のなかで，より現実的に洗練された個人主義を背景として語られ始めてきているように思われます．たとえば配偶者が（仲が良いにもかかわらず）各自別々の自室をもち，ベッドを共にしないことも，近時は少なくないようです．夫婦別床の安息感は，女性の嫁としての役割とは，さしあたり別の次元で登場した議論であるといえます．フランスにおいて，市民革命の終息とともに一旦は否定された破綻主義離婚の許容，養子縁組の完全化（日本では民法817条の9），親権に対する公的牽制（819条6項や児童福祉法28条）といった思想が再評価されてきている状況（「革命期立法の現代性」）は，家族と個人との緊張関係を考えるうえで，日本社会へも示唆を与えるにちがいありません．

　シンポジウムの当日は，報告を担当する教授で構成されるエクス・マルセイユ第Ⅲ大学からの代表団を迎えます．交流協定に基づいて本学から派遣された経験のある学生諸君，それから，協定により本学が現に迎えているフランス人留学生の方々も，会場で様々な役割分担をしてくれることでしょう．サッカーだけが日仏交流ではありません．わたくしたちにとって，かけがえのない〈家族〉に両国の人々が，どのように向き合っているか．それを互いに知るための学問の祭典を，ひとりでも多くの学生諸君の参画により成功させたいものです．」

　このようにして関係者の努力により準備が進められたシンポジウムの本番は，二日間にわたり行われた．「憲法・国際法の観点からみた家族の諸問題」を共通主題とした第一日め（1998年10月8日）は，私たちのうち西海が司会を担当し，まず，第一報告をすることが予定されていたルイ・ファヴォルー氏（エクス・マルセイユ第Ⅲ大学教授）の「フランスにおける家族と憲法」と題する

報告草稿に基づいて植野妙実子所員がその要旨を紹介し（ファヴォルー教授は，やむをえない公務のため来日を中止せざるをえなかった），つぎに，西海所員より「家族に関する国際法規範の国内的適用／日本の場合」と題する第二報告が，そしてジェラール・レジエ氏（エクス・マルセイユ第Ⅲ大学教授）より「家族関係と国際私法上の公序」と題する第三報告がなされた（通訳は多喜寛所員）のち，植野所員が統括を行った．第二日め（翌9日）の共通主題は，「家族をめぐる私法的諸課題」であり，山野目が司会を担当し，四つの報告，すなわち，ジャック・ラヴァナス氏（エクス・マルセイユ第Ⅲ大学教授）から「生存配偶者／その相続法制上の処遇に関する比較法的考察」と題する第一報告が（通訳は矢澤久純氏〔中央大学大学院博士後期課程〕），野澤紀雅所員より「親子法の混迷／親子法における二つの真実」と題する第二報告が，ジャック・メストル氏（エクス・マルセイユ第Ⅲ大学教授）から「家族法と取引法との交錯／フランスの法状況」と題する第三報告が（通訳は勝亦啓文氏〔相模女子大学非常勤講師〕），そして山野目所員より「日本の法定夫婦財産制／別産制神話の検証」と題する第四報告がなされ，これらの四報告の総括が野沢所員により行われた．

シンポジウム終了後の親睦の宴もまた，おおいに盛り上がり，その席上においては，このシンポジウムのために準備された講演原稿などを単なる口頭発表用のものにとどめず，論文に纏めて発表しようという話が持ち上がり，また，発表するからには，日仏双方で（したがってまた日仏両国語で）発表することが望ましい，という提案がなされた．これらの構想は，その後，両方の大学の機関としての決定を経て，実現の運びとなり，まさに本書は，その日本側における実行として，刊行される．フランス側においては，エクス・マルセイユ第Ⅲ大学法学部の紀要である *la Revue de droit prospectif*（no. 4, 2000）に，植野・西海・野澤・山野目の四論文が発表されることになっている（2000年11月に発刊の予定）．

本書に収められた論稿・訳稿は，一見してわかる通り，あるものは「です」「ます」調であるのに対し，あるものは「である」調であり，必ずしも統一がなされていない．そのほか，注記の形式など文章の様式・内容の面で，揃って

いない点がある．全体を見渡すとき，ある訳稿はシンポジウム当日の雰囲気を伝えることを意図して作成されており，また，ある論稿は学術論文として整ったものにすることを追求し，さらには，両者の中間に位置する彩りのものもある，というふうに様々な姿が見られる．編集に携わった私たち二人としては，これらの点について統一を図ることも考えないではなかったが，各執筆者・訳者の意図を参酌し，各稿の個性を発揮させる，という選択のほうを採ることとした．

　二つの大学の学術交流の成果の一つに本書を加えることが可能となったについては，シンポジウムにおいて報告・通訳を行なった当事者のほかにも，多くの人々に御世話になった．ちょうどシンポジウムの準備を進めていた時期に中央大学大学院法学研究科に留学していたエステル・ホフマン（Estelle HOFMANN）氏（日本政府給費留学生）は，野澤所員との綿密な討議を経て同所員の報告の仏語テキストを作成し，また，山野目報告の仏語テキストの校閲をしてくださったほか，準備の段階における貴重な助力・助言をしてくださった．また，エクスからの交換留学生として中央大学に在籍していたシルヴィー・フラッシェ（Sylvie FLACHER）とイザベル・ファルジエ（Isabelle FARGIER）の両氏には，西海報告の仏語草稿に，丹念に朱を入れてもらった．これらの方々の御協力に心から感謝する．

　ここであらためて，この学術交流が20余年前に両大学の関係者の努力の帰結として開始をみたについて，とりわけ顕著に力を尽くした複数の同僚がおられたことを想い起こしておきたい．今回のシンポジウムに報告を寄せているファヴォルー教授はその御一人であり，日本側では，故 高柳先男教授を忘れることはできない．高柳教授は，この学術交流の文字通り《un des fondateurs》として，その後の学術交流の運用のなかにおいても，つねに枢要な役割を果たしてこられた．加療の効なく1999年初夏に逝去された高柳教授に本書をお見せできなかったことは，痛恨の極みである．二つの大学の交流は，これからもまた，これら《grands fondateurs》の志したところを忘れることなく，おおいに発展してゆかなけばならないであろう．本書の編集に携わった私たち二人の個

人的感慨としても，今回のシンポジウムは，西海にとっては，学生時代以来のエクスとの絆をあらためて確認することができた楽しく充実したひとときであったし，本書刊行時には中央大学を離れている山野目にとっても，大切な在職中の楽しい思い出である．

　最後に，本シンポジウムの企画・開催にあたり献身的に協力してくださった加藤 清事務室長をはじめとする日本比較法研究所職員の方々，および，本研究叢書の発刊にあたってご尽力いただいた中央大学出版部の矢崎英明氏に対し，厚くお礼申し上げる．

2000 年 6 月

西 海 真 樹
山野目 章 夫

目　次

はしがき

刊行によせて

憲法・国際法の観点からみた家族の諸問題

フランスにおける家族と憲法

ルイ・ファヴォルー … 3
植野妙実子 訳

- Ⅰ　家族に関する憲法上の規定 …………………………………… 3
  - A　家族についての憲法上の承認 ……………………………… 3
    - 1　古典的な憲法における家族　3
    - 2　現代憲法における家族　5
  - B　家族の憲法上の概念 ……………………………………… 10
    - 1　合法的家族―自然的家族もしくは婚姻と家族の同一視の問題　10
    - 2　その他の「家族」　11
- Ⅱ　家族に関する憲法上の権利 …………………………………… 13
  - A　個人の諸権利 ……………………………………………… 13
    - 1　家族への権利　13
    - 2　家族生活の権利　16
  - B　家族の諸権利 ……………………………………………… 17
    - 1　法人としての家族　17
    - 2　国家の債権である家族の発展　17

家族にかんする国際法規範の国内的適用
　　　——日本の場合——

　　　　　　　　　　　　　　　　　　　　　西海　真樹 … 21

序 …………………………………………………………………………… 21
第Ⅰ部　国際法規範の国内立法への影響 ………………………………… 23
　　A　妻の地位にかかわる規定 ………………………………………… 23
　　　(a)　法律改正にいたった事例　23
　　　(b)　法律改正にいたっていない事例　25
　　B　子の地位にかかわる規定 ………………………………………… 27
　　　(a)　法律改正にいたった事例　27
　　　(b)　法律改正にいたっていない事例　29
第Ⅱ部　国際法規範の国内判例への影響 ………………………………… 30
　　A　妻の地位にかかわる判例 ………………………………………… 30
　　　(a)　夫婦別姓　30
　　　(b)　再婚禁止期間　32
　　B　子の地位にかかわる判例 ………………………………………… 34
　　　(a)　相続をめぐる婚外子差別　34
　　　(b)　国籍をめぐる婚外子差別　36
結 …………………………………………………………………………… 38

家族関係と国際私法上の公序

　　　　　　　　　　　　　　　　　　　　ジェラール・レジエ
　　　　　　　　　　　　　　　　　　　　　　　　　　　… 43
　　　　　　　　　　　　　　　　　　　　　多喜　寛訳

序　　論 …………………………………………………………………… 43
第Ⅰ部　国際的公序の感性を目覚めさせる家族法上の制度 ……… 45
　　A　婚　　姻 …………………………………………………………… 45
　　　(a)　まず，公序の脅しがかかる若干の例　46
　　　(b)　一夫多妻婚という特別な場合　48

         B　離　　　婚……………………………………………………50
          (a)　1975年法以前　51
          (b)　1975年の改正以来　51
         C　親子関係…………………………………………………54
     第Ⅱ部　公序の強さの変化……………………………………55
         A　緩和された公序………………………………………55
          (a)　一夫多妻婚　56
          (b)　一方的離婚　59
         B　近接性の公序…………………………………………61

家族の権利についての日仏比較

　　　　　　　　　　　　　　　　　　　　　　植野妙実子…73
     1　憲法上の規定……………………………………………73
     2　解　　　釈………………………………………………75
     3　判　　　例………………………………………………80

家族をめぐる私法的諸課題

生存配偶者──その相続法制上の処遇に関する比較法的考察

　　　　　　　　　　　　　　　　　　　ジャック・ラヴァナス
　　　　　　　　　　　　　　　　　　　　　　　　　　…89
　　　　　　　　　　　　　　　　　　　矢澤　久純 訳
     序　　　論……………………………………………………89
     第1部
         無遺言相続の場合における，生存配偶者の権利の拡充…………91
         A　単一方式………………………………………………91
         B　混合方式………………………………………………93
     第2部
         無遺言相続の場合における，生存配偶者の権利の強化…………95

  A　遺　留　分 ………………………………………………… *95*
  B　生活の維持 …………………………………………………… *96*

親子法の混迷——親子法における二つの真実

野澤　紀雅… *99*

 Ⅰ　序　——問題の限定とその理由—— ……………………… *99*
 Ⅱ　日本の嫡出親子法の概要 ………………………………… *100*
 Ⅲ　嫡出推定の排除——第一の事案類型 …………………… *101*
 Ⅳ　嫡出推定の排除——第二の事案類型 …………………… *103*
 Ⅴ　若干の比較法的考察 ……………………………………… *105*
 む　す　び ……………………………………………………… *107*

家族法と取引法——フランス法の報告——

ジャック・メストル
… *109*
勝亦　啓文 訳

 序　論（歴史的観点から）…………………………………… *109*
 Ⅰ　個人として商業活動を行う夫婦の地位 ………………… *112*
  A　商業活動の遂行 …………………………………………… *112*
  B　商業をおこなうことにより生じる夫婦財産 …………… *118*
 Ⅱ　会社形態によって商業活動を行う夫婦の地位 ………… *127*
  A　会社の設立 ………………………………………………… *128*
  B　会 社 制 度 ………………………………………………… *131*
 Ⅲ　営業譲渡に対する子の地位 ……………………………… *132*
  A　個人的営業財産の譲渡 …………………………………… *133*
  B　会社形態による営業の譲渡 ……………………………… *136*

日本の法定夫婦財産制——別産制神話の検証——

山野目　章夫… *141*

序　論／問題の提起……………………………………………… 141
第一部　婚姻解消に伴う財産分配の存否…………………………… 142
　第一部の序………………………………………………………… 142
　　A　離婚に伴う財産分配……………………………………… 143
　　B　一方配偶者の死亡に伴う財産分配……………………… 144
　第一部のむすび…………………………………………………… 145
第二部　婚姻解消に伴う財産分配の作用…………………………… 145
　第二部の序／概括的観察………………………………………… 145
　　A　財産分与請求権の堅固さ………………………………… 146
　　B　財産分与請求権の脆さ…………………………………… 147
　第二部のむすび…………………………………………………… 148
結　語／一つの解釈論的問題……………………………………… 149
　プログラム　153
　「花の陰　あかの他人は　なかりけり」　154

憲法・国際法の観点からみた
家族の諸問題

フランスにおける家族と憲法

I 家族に関する憲法上の規定

A 家族についての憲法上の承認

1 古典的な憲法における家族

　家族とは憲法よりも古い制度である．アンシャン・レジームの下では，支配者である国王家族を通して，しばしば国家の基礎と同様に用いられた．

　ジャン・ブールイは次のように考えている．「家族というものは，国家よりも古く，単に君主主義に固有の構造を提示しただけでなく，権力の行使にも権威の固有の観念をもたらした．国王のパターナリズムは啓蒙的専制政治と同様，古典的支配権の記憶にたどりつき，それを強化するのに，大いに役立った全的な権威であり，それが当然だとされる正当性は家族に見出される．」[1]

　家族はしたがって，制度上の憲法すなわち古典的な憲法の発展の手段の一つとして存在した．しかしながら，こうした憲法は家族を優遇するものではなかった．実際，家族を無視したり，利用したりしたが，家族の保護を心にかけることはなかった．

(a) 無視された家族

　革命後の最初の憲法制定者にとって支配的となった哲学は，「人間が身体のより広い独立性の中で，全体的には社会的に孤立するものとして，考えられた厳しい個人主義」の哲学であった[2]．したがって古典的な憲法は，家族を無視している．ジャン・ブールイは次のように述べている．「政治的領域においてすべ

ての家族の構造の影響をすてさることが，明らかに問題となる．すなわち，それまで受けいれられていた家族の影響が，自然権の直接の唯一の資格者としての個人に，専ら依拠して考えられている，自由や平等とは相容れないものだということが示されたからである．」[3] さらに続けて次のようにも述べている．「新しい政治社会の出現に不可欠と判断され，彼らの間に姻戚関係以上のものが存在するだけに一層少なく考えられた，市民社会の細分化は他の『中間団体』と同様家族に対しても許されなかった．」[4]

　家族に準拠した若干の憲法も存在する．しかしこれらの条文は特別な家族，国王一家について述べるなどしている[5]．または法的に資格を有さない家族についても述べるなどしている[6]．しかし，これらの条文は家族の真の保護を保障することなどは考えていない．

　そこで，憲法条文において家族が導入されるようになるのは，「民主主義の発展の二重の要求に利するためである．すなわちそれらは政治参画と社会統合である．」[7] そこから家族はあらためて利用されることになる．

(b) 利用された家族

　多くの試みがあったにもかかわらず，家族は選挙に関して役割を果たすことはなかった．反対に，若干の政治制度によってイデオロギー的な目的に利用されることになる．

―家族と選挙権

　普通選挙の承認のあとで，ラマルチーヌは次のように書いた．「いつか，家族の父親が，家族の中に老人や女性や子どもがいる場合，選挙において同じくらいの票をもつことになろう．というのも，よりよい社会においては，個人ではなく家族が永遠の単位であるからだ．」[8] しかしこうした解決方法を憲法は受けいれなかった．確かに，ペタン元帥の支援をえて編集されたフランス国家の憲法草案6条2項[9]と21条2項[10]は家族投票権を考えていた．また確かにド・ゴールにより提案された1969年4月27日の人民投票にかけられた法律の草案の18条,19条にも家族制度の政治的代表はみられる[11]．しかし，これらの

法文は決して草案以上の状態になることはなかったことを確認しておかなければならない．

―家族のイデオロギー的な概念

ヴィシー体制というのは家族によって支えられていた．というのも体制の3本の柱の一つとして家族が位置づけられていたからである．その柱とは，＜労働，家族，祖国＞であった．ペタン元帥の憲法草案は家族に多く言及している．「労働によってえられ家族の貯蓄によって維持された財産は，不可侵の権利をもつ」（草案4条）．「職業的性格を有する選挙を除いては，補欠選挙は多くの家族の長によってなされる」（草案6条）．家族がこの憲法草案の中に位置づけられたとしても，それは家族が特別なイデオロギーとして用いられるためであった．家族のイデオロギー的概念に関わるものである．

古典的な憲法においては，憲法というものは，別に学ばれるべきである．実際1848年11月4日憲法はその前文において共和国が「家族を基礎とする」とした．ヴィシー政権ほどイデオロギー的アプローチはないにしても，この前文の他の規定からは，憲法制定者によって家族が使われていたということがわかる．共和国は「厚い援助により，資源の限度内で労働を与えながら，もしくは家族がない場合には労働しえない状況にあるものに救済を与えながら，必要な市民の生存を保障しなければならない」ということを明らかにしていた．国家は家族の連帯に障害があるときにしか介入するべきでない．家族はしたがって，連帯の特権を与えられた制度として用いられたのである．

2　現代憲法における家族

(a)　フランスにおける憲法上の家族の承認

1946年憲法の憲法制定議会の審議の際，メンバーたちは，現行前文10項よりもっと詳しかった，憲法委員会により起草された草案に基づいて検討をしていた．家族に加えて，憲法宣言草案の23条は，母親や女性，子どもの保護を挙げていた[12]．しかしこれは修正にあった．修正者たちは，家族への保護は弱いものであったと判断し，それ故，家族が「国家の一つの基本単位である」[13]こと，

もしくは「国家の配慮に対して権利をもつ家族」[14]であることを明確に認めた．家族と婚姻の関係について，議論が多くなされたのは真実である．実際，修正者の多くは，憲法条文の中に「国家は婚姻に基づく家族の尊重を宣言する」[15]と記述することをめざした．しかし，こうした修正は拒絶された．結局憲法委員会で提案されたような条文が採択されることとなった．

この最初の憲法草案は，フランス人民によって否決されたので，制定者は，新しい憲法の草案を考えることになった．今度は憲法委員会は家族の保護に対して，より簡潔な条文を考えた．現行前文10項に関わるものである．最初の審議と同様に，修正者たちは婚姻に基づく家族を基礎とすることをめざして提案した．しかし，これも否決される．社会党議員たちは，実際，次のように考えた．「家族は労働ということばと祖国ということばとの間に述べられる，単純な形態ではないはずである．家族は，両親の権利ではなく，子どもの権利や保護を承認する，現実であるべきである．」[16]

憲法制定国民議会により採択された条文が，1946年憲法前文10項であり，「国家は個人及び家族にその発展に必要な条件を保障する」となった．したがって，家族の保護を明確に認める憲法条文は1946年まで，またなければならなかったのである．この積極的関与は憲法上確立されたが，「都会における生活そのものの中で家族が占めるべき位置」[17]をフランスの家族に与えるためには不十分に見える．

憲法院は，1946年憲法前文10項を外国人の追放についての1986年9月3日判決において明確に適用した．つづいて，家族の憲法上の保護についても確認している．1993年の「移民規制」の判決，1994年7月27日の「生命倫理」の判決，1997年12月18日の「家族手当」についての判決においてである．

(b) 比較法的見地からの憲法上の家族の承認

ヨーロッパのいくつかの憲法は，ベルギー，デンマークあるいはオランダのように国王一家に関する以外，家族へのあらゆる言及をしないことにしているものもある．他の国においては，反対に家族的結合の基本的価値を承認してい

る．また若干の国では，社会を構成する基本として，家族を認めるものもあり，他の国では社会制度の保護を保障することを望むものもある．

　—社会を構成する基本としての家族

　家族とは，それぞれの個人が所属する最初の社会を構成する．それは社会規範を修得する最初の場所である．家族は，すべての市民社会の憲法に必要な基本的構成単位である．

　この意味で，1947年12月27日イタリア憲法は，その29条1項に，共和国による「婚姻に基づく自然的集団としての家族の権利」の承認を示している．こうした形式は，憲法制定議会のメンバーにより表明された二つの相反する立場の総括を示すものである．第一は，自然法学者のもので，国家は家族の諸権利を創ることはできないが，家族の諸権利を承認し，保護することはできるとすることを支持するものである．その理由は家族は国家制度に先立つ，根源的な諸権利を保有しているからである，という．第二の概念は反対に，他の社会的団体やそれらに関連する法的集合体を国家に対置させることができるとは認めないものである．家族に与えられた「自然的集団」という表現の価値に基づいて，自然法学者の主張は，個別の最高の法的命令として，家族の自然権の存在を支持していた．憲法制定議会での議論の際には，他方で憲法2条に対する人格の基本的諸権利の承認と29条に対する家族的共同体の諸権利の承認の類似が，家族がその構成やその擁護やその目的の追求のために，独創的で時効で消滅することのない権利を有することが示されながら，強調された．家族自治論者の主張を支持する者にとっては，第一に「自然的」という文言は，憲法制定議会の意思が集団生活のこうした形態の独創的な性格の考えを唯一表明するところにあるので，一義的ではないことが留意されなければならない．将来の立法者の権限を限定することを予定する自治を，そこにわりあてることを望んでいるのである．その上，29条における「家族の統一を保障する法律によって定められる制限」への言及により，憲法は家族のつながりに対する法律の規制を想定していた．したがって，自然的集団としての家族の資格は，家族にとっては社会的団体の自治の権限を付与することによって特権は与えられている

が，国家の命令には従うところの家族の承認を構成している．こうした論争以外に「自然的集団」という表現の意味は，家族の構成員の間に法的関係のみならず，感情的な心情的な自然発生的な血によるつながりもまた存在していないという事実の確認に法的性格を与えることから来ている．それがどのようなものであろうとも，立法府は「イタリア人民の共通意識の中で伝統的に社会生活に必要な基本的構成要素と考えられてきたような，家族的秩序を保持することを義務づけられている」ようにみえる．その社会生活とは「人間が連帯感情を学ぶための最初の示唆を見出すところの都市の起源となるものである．」[18]

ギリシャ憲法は，その21条に「国家の維持と発展の基礎としての」家族と同質の確認を保障している．憲法はまた家族と国家の同一実体性をも強調している．

アイルランド憲法は，社会における家族の重要な役割の最も注目すべき確認をしている．41条1項の文言によると，「国家は，社会の最初の基本的な自然的構成単位としての家族，譲渡できない時効にかかって消滅することのない，すべての実定法より古く，すべての実定法に優位する諸権利を所有する道徳的制度としての家族を承認する」．家族は，「社会秩序の必要な基礎として，国民や国家の繁栄に不可欠なものとして存在する」．アイルランドの憲法制定者による，社会秩序を構成する基礎としての家族のこうした承認は，家族の保護を保障することにあてられている規定を伴うものである．

——保護されるべき社会制度としての家族

憲法制定者により明白にもしくは暗黙のうちに認められて，家族制度の役割は，国家がその保護にたえず心を配ることを含んでいる．1946年憲法前文10項のようなフランス憲法にならって，いくつかの憲法条文は，国家権力の憲法上の任務を簡潔な方法で表明している．かくして，1949年5月23日ドイツ基本法は，「婚姻と家族は，政治領域の保護の利益を受ける」ことを保障している（6条1項）．同様の方法で，スペイン憲法39条1項は「家族の社会的，経済的，法的保護」を保障する配慮を公権力に託している．

その他のヨーロッパの憲法は，現代社会において，家族という構成単位にあ

てられるべき保護を具体的な権力とともに規定している．アイルランドにおいては，「国家は，家族が基本となる婚姻の制度と攻撃に対して保護されるべき婚姻の制度を，特別な配慮とともに保護することを約束する」(41条3項)．家族の制度という支えは，特別な注意の利益を受ける．というのも，「女性は家の中での生活により，国家にそれがなければ共通の福祉に到達できないような支えをもたらすからである」(41条2項)．したがって「国家は，母親に，経済的必要から，家族生活の義務をないがしろにせざるをえないような労働をすることを強制されないことを，保障するよう努める」．

　イタリア憲法は，同様に「経済的措置及びその他の措置に家族の形成及びその義務の遂行を」そして，「大家族への特別な考慮をもって」助成することを国家の義務として全面に出している．このような目的で母親，子ども，青少年は保護されている (31条2項)．憲法上，労働者は「家族に自由で品位のある生存を保障する」ために十分な報酬を受ける権利を有する (36条1項)．

　ポルトガルの憲法制定者は，家族の制度の利益となるよう，いくつかの積極的関与を大きな配慮をもって規定するよう努めた．憲法67条の文言によれば，「国家は家族の構成を承認し，その保護を保障する．この目的において，公権力は『家族的団体の社会的，経済的独立』，母親と子どもの援助，『第3世代』の政策，子どもの教育に対する両親の援助，『家族計画』と呼ばれる方法の普及及び多様な社会的手当を保障することを引き受ける．」同様の意味において，33条はそれ自体として「家族的親密さ」が保持されることを課しているが，56条はそれぞれに「自らのためにも家族のためにも適当な広さの住居」を有する権利を表明している．その上，家賃の制度は「家族の収入と両立」するものでなければならず (65条3項)，同様にそれは税に対しては「家族的集団の扶養や収入」を考慮に入れる必要がある (107条1項) としている．アイルランドの憲法制定者の留意点と比較できるものとしては，家族の母親にもたらされている点である．実際，「国家はすぐれた社会的価値として，母性を承認する」．というのは，「国家は，子どもの教育に関して，母親のおきかえることのできない活動の特別な要請において母親を保護する．同時に国家は，母親の職業の実現

や市民生活への参加も保障する」(68条).

B 家族の憲法上の概念

1 合法的家族——自然的家族もしくは婚姻と家族の同一視の問題

風俗の発展のために「家族」の定義は,一定のものではない.とくに今日では議論の的となった問題を有している.多くの憲法条文が決定的な正確さをもたらしていないとしても,いくつかの条文は,結婚に結びつけながら,家族の一定の概念を暗示している.

憲法条文の受益者である家族の定義の欠けていることを示す適切な例が,フランスの1946年憲法前文10項の条文である.この点で,前文の対象とする家族が「婚姻に基づく」[19]唯一合法的家族であることを示す修正を1946年の第二の憲法制定議会が否定したことを思い出すべきである.憲法制定者は憲法の保護の中に,合法的家族と自然的家族の平等を,明言することは望まなかったが,それはむしろ,立法レベルで解決すべき問題としたのであった.憲法委員会の議長であったアンドレ・フィリップは,「我々が憲法前文をつくったとき,すべてのフランス人の共通の信条 foi である諸原理を明らかにして,今日的でない問題の対立があるところにとりくんだり,基づいたりすることは拒否せざるをえなかった」[20]と述べている.自然的家族は1970年6月4日法及び1972年1月3日法で,民法典において承認された.若干の研究者は,憲法上の保護を受けるのは唯一合法的家族だと,結論する[21].憲法院はこの問題に関して今日まで答えていない.

他の条文には家族と婚姻の間の関係を多少なりとも明らかにするものがある.イタリア憲法29条は,「婚姻に基づく自然的な結合である家族の諸権利」を承認した.イタリアにおいては,憲法上合法的家族の基本的役割を確認している.婚姻外に生まれた子どもの法的,社会的保護はその上で多くの合法的家族の権利と両立する限りにおいて,保障される.同様にアイルランドの憲法も「家族が婚姻に基づくものとしての婚姻という制度」と述べている(41条3項).

2 その他の「家族」

(a) 一夫多妻,一妻多夫

外国で行なわれた多重婚の形での結婚はフランスでは承認されており,効果ももっている.判例によっても古くから認められている.一方で国家法に個人的な身分を結びつける民法3条3項に基づいて,他方で公序を緩和させる効果の学説にも基づいている.かくして,裁判所は扶養の義務[22],相続[23],滞在の資格の取得[24]に関して結婚の効果を認めている.

こうした解決方法は外国で行なわれた結婚にとっては妥当なものであり,フランスで行なわれたフランス国籍を有する人々の結婚に認められるものではない.実際,フランスの公序はこうした結婚を認めてはいない.その上,この点は明白に憲法院で1993年の判決で強調されている.憲法院は,「通常の家族生活という状況が受入国フランスで支配的であり,そこでは多重婚を排除している」と判示している[25].このように多重婚は家族の再結集のために用いられるものではない.

この判決から,憲法院は,西欧社会において我々がもっている概念の家族が憲法上の保護にみあうとした.しかしこれは一夫一婦制であり,特別な家族,多重婚関係に基づく家族を含まないとした.

(b) ホモセクシュアル・カップル (同性愛カップル)

ドイツでは,ホモセクシュアルの人々の結婚の問題が憲法の分野であがっている.1992年にフランクフルトの裁判所は同性のパートナーに婚姻の権利を認めている.この判決により,結婚の伝統的な概念は,すなわち一夫一婦の結合は,憲法,より正確には,自由の開花を示す基本法,平等原則,婚姻への権利を侵害することになる[26].この分析については連邦憲法裁判所によってとりあげられてはいない.連邦憲法裁判所は性の違いが婚姻の重要な特色をなすと判断した[27].したがって,ホモセクシュアル・カップルにとって婚姻の制度から利益をうることの権利は憲法条文からひき出すことはできない.

スペイン憲法は,同様にホモセクシュアルの結婚を除いている.32条は,

「男性と女性が婚姻する権利を有する」と述べている．婚姻とは，憲法上異性愛をさす．

　フランスでは憲法裁判所はまだホモセクシュアルの結婚の問題について明確に述べてはいない．しかしながら，近々判決を下すであろう．

　1982年8月4日法以来，ホモセクシュアル関係は，特別な違反を構成してはいない．この法律以後，数が増えたというわけではないが，目につくようになり，権利要求もさかんになった．これらのカップルは結婚を主張することはできない．民法144条が性の異なる，2人の人間の制度を婚姻としているからである[28]．同棲を主張することもできない．破毀院は最近，「同棲とは男性と女性の間の結婚の形をとる，安定した継続的な関係からしか，生じることはできない」と，判示したからである[29]．判例はしたがってホモセクシュアル・カップルがユニオン・リーブルの結果から利益をうることはできないとした．フィリップ・マロリは，こうした判例原則に一つの例外の存在を示している[30]．死にいたる事故の場合，犠牲者のホモセクシュアルのつれ合いはすべての異性間の同棲と同様に（もしその関係が安定的なら）損害賠償の権利をもつとした[31]．

　不公平のようにみえるいくつかの解決に対し[32]，若干の団体が，ホモセクシュアル・カップルのための法的枠組をつくるよう立法者に圧力をかけた．CUC（Contrat d'union civile 民事結合契約）やPIC（Pact d'intérêt commun 共同利益条項）のあと，議員はPACS（Pacte civile de solidarité 連帯民事条項）を10月に審議するところである．パトリック・ブロッシュ議員とジャン・ピエール・ミッシェル議員により起草された提案文をみれば，PACSとは，結婚することを望まないか，できないかのカップルではあるが，カップルとして生きることを願う人々に権利と義務を認めるものである．PACSは本質的に血のつながりのない場合の相続問題を解決する．この法律の提案は，激しい批判をよびおこしている．議会での審議も活発なものとなろう．

　憲法院に申立てられることがあれば，PACSについてのこうした法律から，憲法院が，ホモセクシュアル・カップルの身分について判断を下すことになる．ホモセクシュアル・カップルが家族と同一視されなければならないのか．ホモ

セクシュアル・カップルという資格で，家族の憲法上の保護から利益をえることができるのか．ホモセクシュアル・カップルが異性間同棲と同様の権利を意のままにしないなら，平等原則の侵害を援用できるのか．ホモセクシュアル・カップルの憲法上の承認は，憲法上の公序に適合するのか．これらの問題についての憲法院の判決は，家族の保護についての憲法判例を確かにより充実させることになろう．しかしながら，憲法院にあまり期待すべきではない．というのも，非常に激しい社会的論争に関する問題については，憲法院は今日では古典となったその形式のうしろに身を守ることとなろう．すなわち，「憲法61条によって憲法院に議会と同一の評価や判断の一般的権限を託しているわけではないことを思量し……」[33]．

II 家族に関する憲法上の権利

A 個人の諸権利

1 家族への権利

家族への権利を考えるとき我々は婚姻の自由を通して，家族に基づく権利を，学ばねばならないが，また，こうした家族の生活を，離婚の権利によって終わりにする権利についても考えなければならない．

(a) 婚姻の自由

憲法院は1993年の判決「移民規則」で婚姻の自由の憲法的価値をはじめて承認した．憲法院は，婚姻の自由の原則が次のような理由で十分に認められていないと判示した．結婚式が結婚という結合以外の目的しかめざしていないと思われる状況 indices sérieux があるときに，市町村長により，共和国の検事の申立てのような定められた条件に従って，三カ月間の結婚式の延期の決定が下

され，その決定に対して，訴えることができないという以上，十分に認められていないとしたのである．

この判決の本質的な内容は，婚姻の自由に憲法的価値を承認したことである．この結論は独創的なものではない．学説は昔から認める方向でいた．この判決の独創性は反対に，婚姻の自由に憲法的価値を承認するために用いられた根拠にある．実際，民法146条から導き出された基本原理や家族の保護に関する1946年憲法前文10項に憲法院がこの自由を基礎づけることは可能だった．ところが憲法院は，婚姻の自由は個人的自由の構成要素であるとして，個人的自由に基づいているとした．というのも，「婚姻の自由は個人的自由の一つの構成要素である」と考えるからである[34]．最近も憲法院は1997年4月22日判決の中で婚姻の自由の憲法上の保護に言及している[35]．

個人的自由の構成要素としての婚姻の自由の承認の結果は，その保護は憲法66条に従って専ら司法機関に依存することになる．この解決に至るために用いられた参照規範については他の注意を要する．憲法院が，婚姻の自由に憲法的価値を与えるための家族の保護を示す参照規範である前文10項に基づくことを拒否した事実は，家族と結婚とを分離することの憲法院の意思をあらわしていると解釈できる．

(b) 離婚の自由

フランスの憲法ブロックの解釈では，離婚は保護される権利の間には明らかに位置づけられていない．他の原理からしか引き出せない．しかし，こうした離婚の自由の憲法的価値が明らかにされていないことは，いつの日か認められなくなるだろうということを意味してはいない．学説全体は，離婚する権利の憲法的価値を認めている．一連の論証がこうした考え方を進めてきた．

まず，離婚の禁止は，憲法上の何らかの原則を侵害すると思うことが可能である．そこでマーク・フランジは，離婚の禁止は1946年憲法11項により保障された子どもの健康の保護の権利を侵すと考えた．実際，健康は身体的なものばかりでなく，心理的な面においても考察されうる．そこで，「分裂した，互

いに傷つけ合う家族が離婚する全くの可能性もなく一緒にいることは，家族の構成員全体の心理学的健康に損害を与えるであろう」と述べる[36]．こうした議論は，しかしながら我々には適切のようにはみえない．マーク・フランジのこの分析には弱点がある．子どもの心理学的健康への侵害は離婚の宣言によってももたらされうる．健康の保護への権利は，離婚の権利の憲法上の確認と対立することになる．事実，当該権利への侵害の程度の評価が問題である．極端な侵害をもたらしてはいけない．

　他の議論はフランソワ・リシェールによって発展され，ジョエル・ブノワ・ドノリオによって賛同されたものである．共和制の下で設定された離婚は，共和国の諸法律の結果としての憲法原理の一つである[37]．しかしながら，彼らは，その源として設定されたことから，過失による離婚のみ認め，相互の合意によらない離婚，配偶者に一方的に課せられるような離婚は考慮に入らないことになってしまう．このことはマーク・フランジによっても指摘されている．すなわち「離婚の自由が一つの公の自由 liberté publique であることを認めるとしても，離婚が憲法院が承認することに同意する一つの原理であるとするならば，憲法によって保護されるのは離婚の原理そのものということになる」[38]．こうした分析は確かに根拠となるが，しかし，憲法院の判例政策も考慮されなければならない．憲法院は，80年代のはじめから，参照規範を固めることに着手しており，共和国の諸法律により承認された基本原理をもはや実際上は認めていない．

　マーク・フランジはまた他の議論も掲げている．「婚姻の解消できないこと，すなわち，離婚の禁止の原理は，フランスの領土で主張されているさまざまな宗派の間で教会により説かれている宗教上のドグマでもある．ライシテの原理は，宗教によってうちたてられた教義が，他の宗派に属する市民にも，いかなる宗派に属さない市民にも，課せられることに明白に反対している」[39]．このような議論は，学説の一部によって強力に，とくにクリスチャン・アティヤスによって打ち破られた[40]．クリスチャン・アティヤスは婚姻の解消ができないことは，実定法からくると考えている．

我々にとっては，離婚の自由の憲法的基礎が，結婚の自由に対して憲法院が判断したことと同じように，個人的自由の憲法上の保護にあるとすることはたやすいことである．

比較法に関しては，単にドイツの連邦憲法裁判所の例をあげるにとどめよう．そこでは，婚姻の解消できないことの原理の憲法上の保障を基本法6条1項から導き出している．それにより，離婚の権利は，「婚姻の保守的要素を含まなければならない．離婚とは司法秩序の例外を構成しなければならない．」

2 家族生活の権利

通常の家族生活を営む権利は広く認められている．また，国際条約の諸機関の判例により発展してきてもいる．そのことは国内裁判所によってもくりかえしとりあげられている．これらの裁判所がヨーロッパ人権規約8条に基づいているとするなら，通常の家族生活を営む権利は国内法においても基礎をもつ．実際，憲法院により，それは憲法的意義を認められている．通常の家族生活を営む権利は，家族の集合と強制退去に関して外国人に利益をもたらすものである．

(a) 家族の再結集

移民規制の判決において，憲法院は明白に1946年憲法前文10項の必然的な結果であるとして，通常の家族生活を営むことに憲法上の権利を認めた．憲法院によれば，国民と同様フランスにおいて，定住する合法的な外国人にもその権利がある．とくに，外国人にとっては彼らのパートナーや未成年の子どもを彼らのそばにこさせる権利 faculté を含む．ただし，公共秩序の尊重と公衆衛生の保護という留保の下で認められる．

家族の再結集の権利の憲法上の承認は，通常の家族生活を営む権利の承認の必然的な結果である．この後者の権利は外国人のためには，入国と滞在の権利を含むものである[41]．

憲法院は，家族の再結集の権利は，したがって，通常の家族生活を営む権利

は，家族の再結集の権利の理解において，フランスにおいて事前かつ正規の滞在の2年間という期間の立法府による予測があるが，侵害されてはいない．すべての外国人に家族の再結集の枠の中で，前の結婚の解消もしくは無効後新しいパートナーを来させるためにも2年間という期間が課せられるというのも同様に侵害とはみなされていない．

　(b)　追放と通常の家族生活の権利

　外国人の追放の問題は，外国人の私的利益と公序の対置する場所で問題となる．この点について，憲法裁判所は「家族の権利が公共利益の要請に一致するそのような条件を評価するのは立法府に属する」ことを正確にしている[42]．

　当該事件において申立ては，外国人の入国・滞在の条件に関する1986年9月9日法9条の合憲性に関して出された．1946年憲法前文10項に反していると問題になった．実際，追放された外国人のフランス人の配偶者は，申立てによれば，「その身体と家族の発展に必要な条件を奪われた」という．その上，結婚よりも後の6カ月から1年の期間の延長は，「フランス人の子どもの父もしくは母となるという点で外国人をおそう追放のリスクを相関的に」増大させた．憲法院は，もし法律が「外国人の追放について宣言する責務を負う官庁に，必要なら，家族状況も含めてすべての評価の要素を考慮することを許すなら」立法府は，「公序の必要性を優先させながらも，いかなる憲法規定に違反するものではない」と判示した．

B　家族の諸権利

1　法人としての家族
2　国家の債権である家族の発展

　1997年秋に採択された社会保障の賃金提供に関する法律は，条件付きで家族手当の実施を予定していた．反対派は，憲法院に申立て，この法律が家族の権利を侵害すると訴えた．彼らはこの法律が家族手当の普遍性についての共和国

の諸法律により承認された基本原理を侵害し，1946年憲法前文10項，11項に違反するとした．申立者は健康の保護の権利が存在するのと同様に家族手当の権利を憲法院が認めることを望んだのである．

しかしながら，憲法院は，申立者の議論には従わなかった．憲法院は，家族手当の普遍性の原理は共和国の諸法律により承認された基本原理ではないと判断した．同様に憲法院はこの法律が憲法前文10項，11項にも違反していないとした．しかしながら，憲法院は家族の保護について非常に重要なことを明確にした．というのも，10項，11項から引用される規定の結果としての憲法的必要性 exigence constitutionnelle は，家族のための国家的連帯の政策の実施を含むことを判示したからである．憲法院はしたがって家族を考慮する国家の責務に真の債権の存在を認めたのであった．

1) Jean BOULOUIS, «Famille et droit constitutionnel», Etudes offertes à Pierre KAYSER, PUAM, 1979.
2) Joël-Benoit d'ONORIO, «Les droits constitutionnels de la famille en France», in *Les droits de la famille*, Pierre Téqui éditeur, 1996, p. 31.
3) Jean BOULOUIS, op. cit., p. 149.
4) Ibid.
5) 1791年9月3日憲法第3編2章3節「王族」
   共和12年憲法第3章「皇室」
6) 1795年8月22日憲法4条「よき息子，よき父，よき兄弟，よき友人，よき夫でなければ何人もよい市民とはいえない」
7) Jean BOULOUIS, op. cit., p. 150.
8) LAMARTINE, «De l'organisation du suffrage universel», ジャン・ブールイによる引用, op. cit., p. 150.
9) 「職業は性格を有する選挙を除き，補欠選挙は多くの家族の長に，家族に対する責任と負担を考慮して与えられる．」
10) 「法律は，次のような基礎の上に家族投票権を設定する．3人以上の子どもの長である，父もしくは場合によっては母は二重の選挙権を有する．」
11) 18条「経済的，社会的，文化的カテゴリーもしくは活動は地方議会において代表される．…⑤家族」
    19条「家族的団体の県の連合は多くの代表者を任命するとき少なくとも半分は

女性でなければならない.」
12) 23条 「妊娠後の健康の保護，医学が与えうる手当と衛生措置の利益は万人に保障され，国家により確保される.」
   24条 「国家は，家族に対し，その自由な発展に必要な条件を保障する．国家は立法及び適切な社会施設により，すべての母や子を平等に保護する．国家は，母の役割とその社会的任務を果たしうる条件において市民としての職務及び労働者としての職務の行使を，女性に保障する．」
13) Amendement（修正）de M. René COTY, ANC, JO, 19 mars 1946, p. 871 (colonne de gauche).
14) Amendement de M. Joseph DENAIS, ANC, JO, 19 mars 1946, p. 871 (colonne de gauche).
15) Par exemple, voir l'amendement de M. Joseph DELACHENAL, ANC, JO, 19 mars 1946, p. 871 (colonne de gauche).
16) M. PINEAU, ANC, JO, 29 août 1946, p. 3408 (colonne de gauche).
17) J.-B. d'ONORIO, «Les droits constitutionnels de la famille en France», op. cit., p. 33.
18) V. CRISAFULLI et L. PALADIN, *Commentario breve alla Constituzione*, CEDAM, Padoue, 1990, p. 206.
19) Amendement de MM, JULY et DESJARDINS, JO., Débats assemblée nationale constituante, 29 août 1946, p. 3405.
20) JO. Débats Assemblée nationale constituante, 29 août 1946, p. 3406.
21) J.-B. d'ONORIO, «Les droits constituionnels de la famille en France», op. cit., 1996, pp. 36-37.
22) Cass, Civ. 1ère, 28 janvier 1958 : affaire Chemouni, *JCP* 1958, II, 10488.
23) Cass, Civ. 1ère, 3 janvier 1980, *Revue critique de droit international privé*, 1980, p. 331.
24) CE, Ass., 11 juillet 1980, Montcho, *AJDA*, 1980, p. 523.
25) CC, 93-325 DC, 13 août 1993, cons. n° 77.
26) Amtsgericht Frankfurt, FamRZ 1993, 557.
27) BvefGE FamRZ 1993, 1419.
28) 「男は満18歳，女は満15歳にならなければ，婚姻することができない」
29) Cass, Civ. 3ème, 17 décembre 1997, note Bernard BEIGNER, «A propos du concubinage homosexuel», *D.*, chron., 1998, p. 215.
30) Philippe MALAURIE, «Un statut légal du concubinage? Cuc, Pic, Pacs et autres avatars du mariage», *Répertoire du notariat Defrénois*, 15-30 juillet 1998, p. 871.
31) TGI Belfort, 25 juillet 1995, *JCP* 1996, II, 22724.
32) Voir par exemple l'arrêt de la Cour de cassation du 17 décembre 1997 cité par Bernard

Beignier. 著者は次のように述べている.「不公平は, 状況から見れば, 明白である. 死んだ若い男がおり, 彼は当該闘争の仲間であったが法の名において路頭に迷うことになった人間である.」

33) CC, 74-54 DC, 15 janvier 1975, cons. n°1.
34) CC, 93-325 DC, 13 août 1993, cons. n°107.
35) CC, 97-389 DC, 22 avril 1997, cons, n°10.
36) Marc FRANGI, *Constitution et droit privé*, ECONOMICA.
37) 1804年に民法により, ついで1884年にナケ法により.
38) Marc FRANGI, op. cit., p. 81.
39) Ibid.
40) Christian ATIAS, «Pour une réforme réaliste de l'article 227 du Code Civil», *D.*, 1988, chron., p. 175.
41) O. LECUCQ, *Les droits des étrangers en situation irrégulière*, Thèse, Aix-en-Provence, 1998.
42) CC, 86-216 DC, 3 septembre 1986.

家族にかんする国際法規範の国内的適用
——日本の場合——

序

　本稿の目的は，家族にかんする国際法規範の国内的適用の現状を，日本について明らかにすることである．ここで「国内的適用」という言葉は，広い意味で用いる．すなわち，国際法規範が，ある国——ここでは日本——の立法，行政および司法におよぼす影響を指す．

　国際法と国内法との関係は，古くてかつ新しい問題である[1]．すなわちそれは，19世紀後半からこの問題についての学説の対立が今日まで続いているという意味で古くからの問題であり，同時に，現代国際法が国家間関係だけでなく個人や企業の地位・活動条件を定めるようになり，それにともなって，国際法規範の実効性が国内機関の介入や一国内部の立法，行政，司法上の措置にますます依存するようになってきている，という意味では，きわめて現代的な問題でもある[2]．このような観点からは，本稿は，国際法規範の国内的適用という一般テーマを，「家族にかんする」国際法規範の「日本」における適用，という枠組のなかで考察する，ひとつの事例研究，ということになろう．

　ところで，日本の国内法秩序のなかで，国際法規範はどのような位置を占めているのだろうか．日本国憲法98条は，この問題について，憲法の最高法規性を規定する（1項）とともに，日本国が締結した条約および確立した国際法規は，これを誠実に遵守することを必要とする，と述べている（2項）．この文言からは，わが国憲法が国際法を一般的に受容するという立場をとっていることはたしかにうかがえるが，日本の国内法秩序における国際法規範の位置づけ

については，この文言だけではなお明確ではない．

この点について，日本国政府および日本の国際法学者の多くは，この98条2項によって，慣習法を含む国際法規範は，わが国の国内法秩序において，憲法より下位で法律より上位におかれるとの見解をとっている．実際，1998年10月に，自由権規約人権委員会で日本の報告書（第4回）が審議されたさい，日本代表は，①わが国が締結・公布した条約は国内法としての効力をもつ，②条約と法律との効力関係については，明文の憲法規定はないものの，条約が法律に優位すると考えられている，③ある事件について，裁判所が，関連法令が規約上の規定に反するとの判断をくだした場合，当該事件にかんするかぎり，右法令は適用されないことになる，と述べている[3]．

したがって，日本では，法律にたいする条約の優位と条約の直接適用可能性とが，一般論としては認められている[4]．本稿は，この命題が，一般論にとどまらず具体的にも適用されているか否かを，家族にかんする国際法規範とそれに対応する日本の国内法規範・判例を素材として検討するものである．

ところで，家族一般，配偶者および子にかんする規範をふくむ国際条約は多々あるが，それらのなかで日本が批准した条約としては，おもに以下のものがあげられる[5]．

①社会的，経済的および文化的権利にかんする国際規約（社会権規約，1978/1979）
②市民的および政治的権利にかんする国際規約（自由権規約，1978/1979）
③女子にたいするあらゆる形態の差別の撤廃にかんする条約
　（女子差別撤廃条約，1980/1985）
④児童の権利にかんする条約（児童の権利条約，1990/1994）
⑤家族責任を有する労働者にかんする国際労働機関条約156号
　（家族責任条約，1981/1995）

本稿では，これらの条約のうち，女子差別撤廃条約をおもにとりあげる．というのも，少なくとも現在までは，この条約が，わが国の立法，行政，司法にたいして，他の条約に比べ，はるかに大きな影響をおよぼしているからである．以下の本論では，家族にかんする国際法規範がわが国の立法におよぼした影響

（第Ⅰ部）と，わが国の判例におよぼした影響（第Ⅱ部）とを，あいついで考察する．（結）では，これらの作業を通じて明らかにされた，わが国の国際法規範の受け入れ方の特徴と，その意味するものを指摘したい．

第Ⅰ部　国際法規範の国内立法への影響

日本は1979年に自由権規約・社会権規約を批准したが，そのさいに家族にかんする日本の国内法は何ら改正されなかった．だからといって，当時のわが国の国内法が人権規約の趣旨にまったく一致していたわけではない[6]．家族にかんする国内立法に大きな影響をあたえたのは，1985年にわが国が批准した女子差別撤廃条約である．ここでは，この条約がわが国の国内立法におよぼした影響を，妻の地位にかかわるもの（A）と，子の地位にかかわるもの（B）とに分けて考察する．

A　妻の地位にかかわる規定

以下では，女子差別撤廃条約が家族にかんする日本の国内立法におよぼした影響のうち，妻の地位にかかわるものを，法律改正にいたった事例（a）と，それにはいたっていないものの，改正の是非が議論されているもの（b）とに分けて検討する．

（a）　法律改正にいたった事例

　妻の地位にかんする国内法のなかで法律改正にいたった事例としては，国籍法，戸籍法および法例の改正，ならびに，育児・介護休業法の制定をあげることができる．

①　国籍法の改正－女子差別撤廃条約9条1項は，国籍の取得，変更および保持にかんする男女平等を定めている．日本が同条約に署名したときに，すで

に日本の国籍法は夫婦国籍独立主義をとっていたので，夫の国籍への妻の国籍の従属という問題はすでに解決済みだった．しかし，日本人の配偶者となった外国人の帰化条件については，当時の国籍法は男女を等しくあつかっていなかった．つまり，日本人夫をもつ外国人妻が帰化申請をするさいにはいかなる居住条件も課されていなかったのにたいし，逆の場合，すなわち日本人妻をもつ外国人夫が帰化申請をするさいには最低3年の居住条件が課されていた（旧国籍法5条1号）．ここに「妻は夫にしたがうべし」というイデオロギーをみてとることができよう．

1984年に改正された新国籍法では，この差異が廃止され，夫婦のいずれにたいしても，3年（婚姻が3年以上継続している場合には1年）の居住条件が等しく課されることになった（7条）．

② 戸籍法の改正——女子差別撤廃条約16条1項は，婚姻および家族関係における男女差別の撤廃を規定しているが，とりわけその(g)は，姓の選択権を含む夫婦同一の個人的権利を定めている．旧戸籍法のもとでは，外国人と婚姻した日本人配偶者には，家庭裁判所の許可がえられないかぎり改姓が認められていなかった（旧戸籍法107条1項）．

1984年に改正された新戸籍法のもとでは，この点が改められた．すなわち，外国人と婚姻した日本人がその外国人配偶者と同じ姓を名乗りたい場合には，婚姻の時から6カ月以内に市長もしくは領事館に届け出ることによって，「氏の変更」を行えるようになった（107条2項）．後述のように，日本人同士の夫婦において夫婦別姓を認めるべきか否かについては，現在，日本社会で大きな議論を呼んでおり，それを認める方向での法律改正はまだなされていない．皮肉なことに，国際結婚した日本人は，日本人同士の夫婦のあいだではまだ実現していない夫婦別姓・同姓の選択を，すでに自由に行っているのである．

③ 法例の改正——女子差別撤廃条約16条1項(a)(c)(f)は，婚姻の成立・継続および解消にかんして，ならびに子の後見・養子縁組にかんして，男女同一

の権利と責任を定めている．日本では1898年に，国際私法規定としての法例が制定されたが，そこでは，婚姻の効力および離婚の準拠法は夫の本国法とされ，嫡出親子関係および親子間の法律関係の準拠法は，それぞれ母の夫の本国法，父の本国法とされていた（旧法例14－17条，20条）．つまり，準拠法指定のさいに，夫または父の本国法にたいして一定の優越性が認められていた．

1989年に改正された新法例のもとでは，この点が改められた．すなわち，婚姻の効力および離婚の準拠法として「夫婦の本国法，夫婦の常居所地法または夫婦にもっとも密接なる関係ある地の法律」が指定されるとともに，嫡出親子関係および親子間の法律関係の準拠法として「夫婦の一方の本国法」「この本国法または子の常居所地法」がそれぞれ指定された（法例14－17条，21条）．この改正の結果，これらの分野では男女平等の規定が実現したことになる．

④　育児・介護休業法の制定――女子差別撤廃条約5条は，固定化された男女の役割にもとづく偏見・慣行を見直すべきこと(a)，および，家族にかんして男女が共同の責任を負うべきこと(b)をうたっている．1981年に採択された家族責任条約も同じ精神にたっている．

これら2つの条約を考慮して，日本は，まず1991年に，「育児休業等育児又は家族介護を行う労働者の福祉に関する法律」を制定，ついで1995年には，家族責任条約の批准にともなって，同法を改正する「育児休業，介護休業等育児又は家族介護を行う労働者の福祉に関する法律」を定めた．男女労働者の権利保護の観点からすれば，同法にはなお不十分な点があることは否めない[7]．それにもかかわらず，同法は，民間企業で働く男女労働者にたいして，はじめて育児・介護のための休業権を保障した点で重要な法律である．その背後に，上述の2つの条約があることは疑いをいれない．

（b）　法律改正にいたっていない事例

上に述べたように，女子差別撤廃条約は，自由かつ完全な合意のみにより婚姻をする男女同一の権利（16条1項(a)(b)），および，姓の選択を含めた夫および

妻の同一の個人的権利（同項(g)）を定めている．この観点からは，いまだに改正はなされていないものの，日本の民法規定のうちのいくつかが問題となりうる．そのような規定として，再婚禁止期間，婚姻最低年齢，および，夫婦同姓にかんする規定を以下で検討する．

① 再婚禁止期間——民法733条1項は，女性にたいしてのみ，婚姻解消・取消の日から数えて6カ月間の再婚禁止期間を課している．日本政府は，この制度は父子関係の混乱を可能なかぎり防止し，それによって子の福祉を保護することを目的としたものである，と説明している[8]．しかしこの説明は説得的とはいえない．民法772条2項によれば，婚姻成立の日から200日後または婚姻解消・取消の日から300日以内に生まれた子は嫡出子と推定される．したがって，この規定に合わせて嫡出推定の重複を避けるためには，禁止期間を100日とすることで十分のはずである．このため，日本の女性の地位向上にともなって，この制度の見直しを求める運動が高まってきた．法務省に設置された法制審議会は，関係官庁の上級職員ならびに学識経験者により構成され，法律立案に重要な役割をはたしているが，同審議会民法部会は，1996年1月16日，「民法の一部を改正する法律案要綱案」（以後，民法改正要綱と略称）を法務大臣に答申，そのなかで再婚禁止期間を100日に短縮することを提案している(1-2-1)．

② 婚姻最低年齢——民法731条は，婚姻最低年齢を，男子18歳，女子16歳と定めている．日本政府は，男女の最低年齢に差異を設けたことを，男女の身体的成熟度の違いによるものと説明している[9]．しかしこの身体的成熟度の違いもまた，差異化の合理的な根拠とはいえないだろう．そのような成熟度の違いとはまったく個人的なものであるし，また，男女同一の婚姻最低年齢を定める国がすでに多く存在するからだ．法制審議会は，民法改正要綱において，婚姻最低年齢を男女とも18歳とすることを提案している(1-1)．

③ 夫婦同姓——民法750条は，夫婦は婚姻のさいの決定にしたがって，夫

または妻の姓（氏）を名乗る旨を規定する．この規定ぶりは，形式的にはまったく男女平等である．しかしながら，98％の夫婦が夫婦の姓として夫の姓を選択している，というのが日本の現状である．そこには，日本の伝統的「家」制度が色濃く反映している．明治民法では，「家」は戸主と家族から構成され，「家」の構成員はみな「家」の姓を名乗ることとされた．妻は夫の「家」に入ることとされていたから，その「家」の姓を名乗る以外になかった．このような背景をふまえれば，日本の現状には，男女間の事実上の不平等があることは否めない．法制審議会は，民法改正要綱において，夫婦は婚姻のさいの決定にしたがって，夫もしくは妻の姓，または，各自の婚姻前の姓を称するという「選択的夫婦別姓」を提案している(3-1)．

B　子の地位にかかわる規定

ここでもAと同様に，女子差別撤廃条約が家族にかんする日本の国内立法におよぼした影響のうち，子の地位にかかわるものを，法律改正にいたった事例（a）と，それにはいたっていないものの，改正の是非が議論されているもの（b）とに分けて検討する．

（a）　法律改正にいたった事例

子の地位にかんする国内法のなかで法律改正にいたった事例としては，子の国籍にかんする国籍法の改正，および，（厳密にいえば法律の改正ではないが）学習指導要領の改正，の2つをあげることができる．

①　子の国籍にかんする国籍法の改正——女子差別撤廃条約9条2項は，子の国籍にかんして，女子にたいして男子と平等の権利を与えると規定する．日本の旧国籍法は，父系優先血統主義をとっていた(旧国籍法2条1号)．そこにおいては，父が日本国籍で母が外国国籍の場合に，子は当然に日本国籍を取得できるのにたいし，逆の場合，すなわち父が外国国籍で母が日本国籍の場合に，子は日本国籍を取得できなかった．このような結果をもたらす旧国籍法規定は，

子の国籍取得にかんする男女（夫婦）差別にもとづくものであって，上述の条約規定とあいいれない．自由権規約人権委員会も，1980年に，すべての子の国籍取得権を定める自由権規約24条3項と旧国籍法規定とが両立しえないことをきびしく指摘していた[10]．

1984年に改正された国籍法では，子の国籍取得についての原則が両系平等の血統主義に改められた．この改正によって，父または母が日本国籍を有するときには，子は出生と同時に日本国籍を取得できることになった（国籍法2条1号）．

② 学習指導要領の改正——女子差別撤廃条約10条b項は，男女（生徒）にたいして同一の教育課程を享受する機会を確保すべきことを定めている．日本の中学校の「技術・家庭」では，1958年以来，男女とも同一の教科書を使うものの，領域の選択については男女の「特性」論にもとづく男女差があった．また，高校の「家庭」の基礎科目「家庭一般」は，1960年以来，女子のみ必修とされ，他方，「保健体育」においては，男子にのみ柔道または剣道が「格技」として選択必修とされた（わたしは柔道をとった！）．ここには「男は外で働き，女は家庭で家事労働に勤しむ」という，固定的な男女分業観がよくあらわれている．このような教育課程は，憲法および教育基本法に照らしてもあいいれないものである．この学習指導要領にもみてとれるように，男女生徒への同一の教育課程の実現を妨げる口実として，男女の「特性」論がしばしば援用される．しかしながらこの「特性」とは，たいていの場合，後天的に社会環境のなかで形成されるものであり，本当の男女平等の確立にとって障害となる場合が多い．文部省は1984年6月，「家庭科教育にかんする検討会議」を発足させた．同会議は，同年末，「女子の必修枠をはずし，男女とも家庭一般を含めて特定の科目のなかからいずれかの科目を必ず履修させる選択必修とするのが適当」という報告を提出した．結局，1989年に中学校および高校の学習指導要領が改正され，1993年度より中学校の「技術・家庭」が，1994年度より高等学校の「家庭」がそれぞれ男女選択必修となった．また，高校の「保健体育」における男子のみの格技選択必修も，男女選択必修へと改められた[11]．

（b） 法律改正にいたっていない事例——相続をめぐる婚外子差別

　子の地位にかかわる規定であって，法律改正にはいたっていないが議論をよんでいる重要な事例がある．それは相続をめぐる婚外子差別である．女子差別撤廃条約16条1項(d)は，子にかんする事項について，「あらゆる場合において子の利益は至上である」と述べつつ，親としての同一の権利と責任を確保することを国に求めている．わが国の国内法は，この規定の趣旨に合致しているだろうか．

　相続にかんするわが国の民法規定をみると，それがこの条約規定とあいいれないことがわかる．なぜなら法定相続分を定める民法900条は，その4号ただし書で，非嫡出子の相続分を嫡出子のそれの2分の1としているからである．わが国政府は，この婚外子差別を，法律婚を保護するためのものであると正当化している[12]．学説のうちの多数説も，1960年代までは，憲法24条が法律婚を重視している以上，相続にかんする婚外子差別は憲法の枠内で許容されるとして，この政府見解を支持していた[13]．

　1960年代末以降，婚外子の地位が欧州諸国の家族法において次第に向上していくのをみた法務省は，1979年，非嫡出子の相続分を嫡出子のそれと等しいものとする民法改正試案を発表した．けれども，同年に総理府が行った世論調査において，相続にかんする現行規定を維持することに賛成と答えた人と反対と答えた人の割合が，それぞれ47,8％，15,6％で，維持派がかなりの割合を占めたため，この試案は当時は見送られてしまった[14]．1980年代後半になって，この婚外子への差別規定にたいする批判が強まってきた．法律婚の尊重というそれじたい正当な目的と，相続にかんする婚外子差別という手段とのあいだに，はたして実質的関連があるか？　この差別的な手段は，非嫡出親子関係とりわけ姦生親子関係の増加を本当に防止しているか？　本人のあずかり知らぬ理由で婚外子を不利な状態におくことは，近代法の原則に反するのではないか？[15]

　自由権規約人権委員会が1993年に日本政府の第3回報告を審議したさいに，同委員会も上述の批判と同様の観点から，相続にかんする婚外子差別は法律の前の平等を定める規約26条に違反するゆえに，民法900条4号ただし書の規

定を削除するよう勧告している[16]）.

　これらの議論を考慮にいれて，法制審議会は，その民法改正要綱において，非嫡出子と嫡出子それぞれの相続分を等しくする改正案を提案した（10）．同審議会は，このような改正理由を，上述の1979年試案以後におけるわが国社会の意識の変化と諸外国の法制の趨勢とに求めている．

第Ⅱ部　国際法規範の国内判例への影響

　これまでにみてきたような国際・国内立法の動きのなかで，日本の国内裁判所の判例はどのように変化してきたのだろうか．ここでは裁判当事者が展開した国際法規範にかかわる主張と，この点にかんして裁判所がくだした判断について検討する．第Ⅰ部と同様，ここでも，国際規範の国内判例への影響を，妻の地位にかかわる判例（A）と，子の地位にかかわる判例（B）とに分けて考察する．

A　妻の地位にかかわる判例

　妻の地位にかかわるおもな判例として，ここでは，夫婦別姓にかんするもの（a）と，再婚禁止期間にかんするもの（b）とをとりあげる．

（a）夫婦別姓

　すでにみたように（ⅠA(b)③），選択的夫婦別姓は，日本ではまだ実現していない．けれども1980年代になると，真の男女平等に到達するためには，選択的夫婦別姓という新しい制度を民法に導入しなければならない，という声が次第に強まってきた．このようななかで，夫婦同姓を問題視する不服申立や訴訟が裁判所に提起された．

① 岐阜家庭裁判所1989年6月23日審判

1989年に，ある日本人男女が市に婚姻届を提出したが，この届出には，婚姻後も夫婦いずれかの姓を夫婦の姓とすることなく，夫婦別姓を選択する旨が記載されていた．当然のことながら，この届出は市長により受理されなかった．その後，この男女は市長を相手どって家庭裁判所に不服申立を行った．そこで彼らが主張したのは，民法750条は夫婦のどちらか一方に氏の変更を強いるものであり，それは氏を保持するという各自の権利を侵害する．したがって同条は，憲法13条（私生活の尊重），24条1項（婚姻の自由）に違反する，というものだった．

家庭裁判所は1989年6月23日の審判において，この申立を却下した．その根拠は以下のとおりである．夫婦が同氏を称することは主観的には夫婦の一体感を高めるのに役立ち，客観的には利害関係をもつ第3者にたいして夫婦であることを示すことを容易にする．したがって，国民感情および社会的慣習を根拠として制定された民法750条は現在でもなお合理性を有し，なんら憲法13条，24条1項に違反するものではない[17]．

この事件においては，申立人および裁判所のいずれも，民法750条と女子差別撤廃条約との関係についてまったく言及していない．けれども，本件は，同条約への違反が問題となりえたケースだった．なぜならば，ⅠA(b)③で述べたように，民法750条は形式的には男女平等の規定であるとはいえ，日本社会においては，夫婦がその姓を選択するさいに事実上の不平等が存在するからである．女子差別撤廃条約2条(f)は，女子にたいする差別となる既存の法律，規則，慣習および慣行を修正しまたは廃止するためのすべての適当な措置をとることを締約国に約束させている．したがって，事実上の差別を考慮にいれない民法750条は，同条約の目的の実現を阻害するものといえよう．このような観点からは，日本政府には民法750条を改正する義務がある，ということができるのではないか．

② 東京地方裁判所1993年11月19日判決

上の事例にさきだって，1988年に夫婦別姓にかんする訴訟が東京地裁に提起された．ある国立大学の女性教員が，婚姻前の旧姓を通称として用いつつ研究教育活動を行ってきた．彼女は，大学側に戸籍名の使用を強制されたとして，国にたいして，人事記録その他の文書において旧姓を使用することへの妨害排除として彼女の氏名を戸籍名であつかうことの差止めを請求し，あわせて損害賠償を求めたのが本件訴訟である．

原告の女性教員は，大学側の行為が氏名保持権またはプライバシー権としての氏名権，表現の自由，職業活動の自由，学問の自由および著作者氏名表示権の侵害であると主張するとともに，プライバシー権および自己決定権の根拠として，それぞれ世界人権宣言12条（個人の私的生活の尊重）および自由権規約1条（人民自決権）をあげている[18]．

東京地裁はその判決のなかで，原告の妨害排除請求を却下し損害賠償請求を棄却したが，原告が援用した国際法規範については，「原告主張に係る前記一連の侵害事実がいずれも憲法に違反したり，著作権法に違反するものではないうえ，世界人権宣言及び国際人権規約B規約に違反するものではなく」[19]と述べるにとどまっている．

(b) 再婚禁止期間――広島地方裁判所1991年1月28日判決，広島高等裁判所1991年11月28日判決，最高裁判所1995年12月5日判決

すでにみたように（ⅠA(b)①），民法733条1項は，女性にたいしてのみ6カ月の再婚禁止期間を課している．1989年に，ある男女がこの再婚禁止期間中に婚姻届を出そうとしたが，当然のことながらそれは受理されなかった．この男女は広島地裁に提訴し，婚姻届不受理によりこうむった精神的損害につき国に賠償請求を行った．この訴訟において，原告の男女は，民法733条1項が女性にたいしてのみ婚姻の自由を制限しているがゆえに，それが憲法13条，14条1項，24条に違反するのみならず，女子差別撤廃条約前文，2条（締約国の差別撤廃義務），15条（法の前の平等），16条（婚姻および家族関係における差別撤廃）お

よび自由権規約23条（婚姻をし家庭を形成する権利）にも違反すると主張した[20]．

　広島地裁は，このような原告の主張をしりぞけ，民法733条1項は合憲であり，かつ条約にも違反しないと判示した．条約違反ではないと判断した根拠として，裁判所は，これらの条約規定が，締約国にたいして，合理的な理由を有する男女間での相異をも禁止し，あるいは，婚姻をしかつ家庭を形成する権利にたいして合理的な理由による制限を加えることまでも禁止していると解すべき理由はなく，したがって民法733条がこれらの条約規定の一義的な文言に違反しているともいえない，と述べている[21]．

　原告は控訴したが，控訴審判決（広島高裁）は控訴を棄却した．民法733条1項についての評価は第一審とほぼ同様である．民法733条1項が条約規定に違反しない理由として，広島高裁は，条約がわが国の憲法と異なり，締約国にたいして，性別にもとづくいかなる差別をも絶対的に禁止し，あるいは，婚姻をしかつ家庭を形成する権利にたいして合理的な理由による制限を加えることまでも禁止していると解すべき理由はない，したがって，民法733条が6カ月の再婚禁止期間を定めていることが一見不合理であるとまではいえない以上，わが国がこれらの条約を締結し，承認した後ただちに立法機関において民法733条の規定を改廃しなかったからといって，その行為が国家賠償法1条1項の適用上違法の評価を受けるものではない，としている[22]．

　控訴人は上告したが，上告審判決（最高裁）は上告を棄却した．その理由は，控訴審判決と同様，民法733条1項は合理的根拠にもとづく区別であって合憲であり，同条についての国会議員の立法行為は，国家賠償法1条1項の適用上違法の評価を受けるものではない，というものだった[23]．上告人は，上告理由のなかでも，民法733条1項が女子差別撤廃条約および自由権規約に違反するとの主張をくりかえしたが，最高裁判決はこの点についてまったく言及していない．

B 子の地位にかかわる判例

子の地位にかかわるおもな判例として，ここでは，相続をめぐる婚外子差別にかんするもの（a）と，国籍をめぐる婚外子差別にかんするもの（b）とをとりあげる．

（a） 相続をめぐる婚外子差別

1980年代に相続をめぐる婚外子差別への批判が強まってきたことは，すでに確認したとおりである（ⅠB(b)）．このような文脈のなかで，1990年代前半に，この問題にかんする一連の重要な決定・判決が出された．

① 静岡家庭裁判所熱海出張所1990年12月12日審判，東京高等裁判所1991年3月29日決定，最高裁判所1995年7月5日決定

家裁審判申立人は，非嫡出子だった父の娘であり，かつ父の代襲相続人である．申立人は，非嫡出子たる父の法定相続分を，他の嫡出子のそれと等しくすることを求めて家裁に審判を申し立てた．申立にたいして，家裁はその審判のなかで，法定相続分をどのように定めるかはその国の立法政策上の問題であり，現行法のもとで申立人の主張を認めることはできない，と判示した[24]．

そこで申立人は，民法900条4号ただし書が憲法13条，14条に違反するなどの理由で抗告した．そのさいに抗告人は，この民法規定がさまざまな国際法規範にも違反するとの主張を行っている．それによれば，民法900条4号ただし書は，女子差別撤廃条約16条1項(d)号（子にかんする事項についての親の同一の権利および責任）に，自由権規約24条1項（差別なく児童が保護を享有する権利）に，および，世界人権宣言25条2項（嫡出であるなしにかかわらず同一の社会的保護を享有する権利）に違反し，児童の権利条約2条1項（差別の禁止），7条（氏名および国籍についての権利）および18条（親の養育責任）とも両立しえないとされた[25]．

しかし，東京高裁の決定は，第1審審判と同様，法定相続分の割合をいかに定めるかは国の立法政策の問題であり，民法900条4号ただし書は憲法に違反せ

ずしたがって無効ではない，として抗告を棄却した．そこでは，民法900条4号ただし書と国際法規範との関連についてなんら触れられていない[26]．

抗告人は特別抗告したが，最高裁判所も，民法900条4号ただし書きは合理的理由のない差別とはいえず，したがって憲法に違反しないとして，抗告棄却の決定をくだした[27]．ただし，5人の裁判官が，この民法規定を違憲無効とする反対意見を表明している．そのなかで彼らは，法律のなかには，制定当時は立法目的が合理的でありかつ目的と手段が整合的であっても，その後の社会の意識の変化，国内・国外の立法改正動向，批准された条約などにより，そのような合理性や整合性が欠如してしまうものがある．本件規定がまさにそれにあたる，という趣旨のことを述べている．そこにいう「批准された条約」の例として，とくに自由権規約26条（法律の前の平等）および児童の権利条約2条1項が言及されている点が注目される[28]．

② 東京高等裁判所1993年6月23日決定，同1994年11月30日判決

1993年6月23日の東京高裁決定は，民法900条4号ただし書を違憲無効としたはじめてのものである．非嫡出子である抗告人は，その抗告理由において，本件規定が憲法14条1項および13条に違反しているとの主張とともに，同規定が諸条約にも違反しているとの主張を詳細に展開した．具体的には，児童の権利宣言，世界人権宣言などの国連総会決議とならんで，児童の権利条約2条1項，自由権規約24条1項，同条にかんする規約人権委員会の一般的意見，女子差別撤廃条約16条1項(d)などが援用され，これらの条約規定に民法900条4号ただし書が違反している旨述べられている[29]．東京高裁決定は，この抗告理由に応えて，この民法規定は憲法14条1項にいう「社会的身分による経済的又は社会的関係における差別的取り扱い」にあたり，かつそれは合理的な根拠にもとづくものとは必ずしもいえず，憲法14条1項に違反すると判示した．さらに同決定は国際条約にも言及し，自由権規約24条1項および児童の権利条約2条2項（児童を差別から保護する義務）の精神にかんがみて，適法な婚姻にもとづく家族関係の保護という理念と，非嫡出子の個人の尊厳という理念は，

その双方が両立するかたちで問題解決が図られなければならない，と述べている[30]．ここで裁判所は，国内法の解釈・運用にあたり条約規定を間接適用したということができよう[31]．

さらに翌1994年11月30日の東京高裁判決も，ほぼ同趣旨の理由によって，民法900条4号ただし書きが憲法14条1項に違反すると判示した[32]．ただし，この事件では，控訴人の主張および判決理由のいずれも，国際条約にはなんら言及していない．

(b) 国籍をめぐる婚外子差別

すでに述べたように（ⅠB(a)①），1984年に改正された国籍法は，それまでの父系優先の血統主義にかわって両系平等の血統主義を採用した．その結果，出生のときに父または母が日本国民であるときには，子は日本国民となる（国籍法2条1号）．

ここで「父または母」という語は，法律上の父または母であると解されてきた．ところで法律上の非嫡出親子関係の成立は，法例が指定する準拠法による．すなわち，父子関係については子の出生当時の父の本国法により，母子関係については子の出生当時の母の本国法により，決定される（法例18条1項）．さらに，認知により成立する親子関係については，これらの法律に加えて，認知当時の認知者または子の本国法も準拠法とされる（同条2項）．したがって非嫡出子については，父母のどちらが日本人の場合でも，日本法により親子関係が成立すればそれは法律上のものとなる．わが国民法上，非嫡出の親子関係がなりたつためには，父子・母子のいずれの親子関係についても認知が必要である（民法779条）．このうち母子関係については，分娩事実により当然に（法律上の）母子関係も成立するという考えかたが学説・判例上，確立している．したがって，母が日本人の場合には，母子関係は出生により当然に成立するが，父が日本人の場合には，父子関係は父による認知がなければ成立しないことになる．

ここで問題となるのが，認知の遡及効の有無である．民法上は認知の効力は出生時まで遡及するが（民法784条），国籍法上は認知にこのような遡及効は認

められていない．その結果，外国人と日本人とのあいだの非嫡出子は，母が日本人である場合には出生により日本国籍を取得するのに，父が日本人である場合には，胎児認知がなされていないかぎり，出生により日本国籍を取得できないことになる[33]．このようなわが国の法制度の現状のもとで，1990年代になって，婚外子の日本国籍確認請求訴訟が争われてきた．

① 大阪地方裁判所 1996 年 6 月 28 日判決

本件は，日本人を父，フィリピン人を母とする婚外子が，父から出生後認知を受けたことを理由に，日本国籍を有するとして日本国籍の確認を請求した事件である．原告は，認知の遡及効を国籍法上認めなければ，たとえ日本人父による出生後認知があっても，出生時には父が日本国民ではないことになり，したがって国籍法 2 条 1 号が適用されず，婚外子は日本国籍を取得できないことになる．このような結果を生じさせる解釈は，憲法 14 条，自由権規約 24 条，児童の権利条約 2 条，7 条に違反する．このような嫡出子であるか非嫡出子であるかによる差別は，憲法 14 条 1 項にいう「社会的身分」による差別にあたり許されないばかりか，出生による子の差別を禁止した自由権規約 24 条 1 項（差別なく児童が保護を享有する権利），同 3 項（児童の国籍取得権），児童の権利条約 2 条 1 項（差別の禁止），同 7 条（氏名および国籍についての権利）にも違反する，と主張した[34]．判決は，国籍確認請求を棄却した．認知の遡及効を認めないことが憲法 14 条 1 項違反であるとの主張について，判決は，詳細な理由を付してこれを否認したが，条約違反の主張については，これらの条約規定がいずれも無国籍児童の一掃を目的としたものであり，しかも憲法 14 条を越えた利益を保護するものとはいえない，と述べるにとどまっている[35]．

② 東京地方裁判所 1994 年 9 月 28 日判決，東京高等裁判所 1995 年 11 月 29 日判決，最高裁判所 1997 年 10 月 17 日判決

日本人男性と婚姻中の韓国人女性が，夫と別居中に他の日本人男性とのあいだに子を出産した．この子は母の夫の嫡出子との推定を受ける子であったため，

実父は胎児認知の届出をすることができなかった．この子の出生届は母の夫との親子関係不存在確認の審判がなされた後に母により出され，同時に実父による認知届も提出された．この間，母とその夫との協議離婚が成立している．

戸籍のとりあつかいによれば，この子は日本国籍を有しないものとして実父の戸籍には登載されなかった．そこで，この子が国を相手どって出生または認知により日本国籍を取得したとして日本国籍の確認を求めたのが本件である．

東京地裁判決は，親子関係不存在の確認審判の確定により，原告は母の夫の子ではなかったことになるから，出生時において法律上の父を有しない原告は日本国籍を取得していない．また，原告の出生後にされた認知の効力は出生時まで遡及しないから，原告と実父とのあいだに法律上の父子関係が形成されていないことは明らかである．したがって，原告は，出生によっても認知によっても日本国籍を取得していない，として原告の請求を棄却した[36]．

控訴審（東京高裁）において，控訴人は，母が日本国民であるとき子は日本国籍を取得するのに，母が外国人であるとき，出生後の認知によって日本国民たる父と非嫡出親子関係が成立しても子は日本国籍を取得しない，と解釈するのは，憲法14条1項，24条2項に違反するのみならず，児童の権利条約2条2項（児童を差別から保護する義務）の趣旨にも反する，と主張した[37]．東京高裁判決は，控訴人の国籍取得を認めたものの，その理由づけはもっぱら国籍法2条1項の解釈論に終始しており，控訴人の憲法違反・条約違反の主張にはなんら言及していない[38]．

上告審（最高裁）も同様の論理によって国の上告を棄却した[39]．ここにおいても憲法および国際法規範への言及はみられなかった．

結

家族にかんする日本法は変動のさなかにある．そのような変動をもたらした要因として，社会意識の変化，女性の地位向上の要求，子の保護の必要性など

があげられよう．だが，それらに勝るとも劣らないもうひとつの重要な要因として，日本が批准した国際条約に含まれる国際法規範の影響があることを忘れてはならない．本論では，この国際法規範の影響を，国内立法への影響と国内判例への影響とに分けて考察した．

社会権規約と自由権規約という2つの国際人権規約を批准するさいに，わが国政府は，民法，国籍法，戸籍法などの国内法上の規定と国際人権規約上の規定との整合性について，真剣に検討しなかった．このことは児童の権利条約についてもいえる．けれども，女子差別撤廃条約については事情が異なる．一方において同条約は，署名から批准までの5年間に，または批准後に，国籍法，戸籍法，法例，育児・介護休業法，学習指導要領などの法令の，男女平等へ向けての改正をもたらした．他方において同条約の批准は，法制審議会が婚姻および離婚制度の見直しを始める契機となった．規約人権委員会や女子差別撤廃委員会が日本政府報告を審議するさいの委員の発言や，委員会の勧告も，このような動きに大きく寄与している．

日本の裁判所は，家族にかんする国際条約の適用に概して消極的である．この消極性は，国際条約にもとづく主張を無視する傾向，憲法規範について詳細な検討を行い国際条約にもとづく主張を簡単にしりぞける傾向，および，国際条約違反の認定をためらう傾向としてあらわれている[40]．このような消極性の理由としては，制約的な上告理由という制度的側面[41]のほかにも，日本の裁判官が国際法の訓練を十分に受けていないので，この未知の領域にふみこもうとせず，憲法や法律といった慣れ親しんだ法にもとづいて判断しがちであることが考えられよう[42]．さらには，外部の干渉から司法府を守るために，裁判所のくだす判決や決定を政治にとって受け入れ可能な範囲にとどまらせようとする組織防衛的な考慮が働くから，という理由づけもある[43]．

しかしながら，家族にかんする国際法規範は，一般に，わが国の憲法よりも詳細かつ具体的な保護を定めている場合が多い．そのため，柔軟な解釈をとることで，ある法律上の規定が抽象的な憲法規定と両立しえたとしても，その同じ法律規定が国際条約上の規定とは両立しえない，という事態が生じることが

ある．その場合には，当該法律規定は合憲であり，同時に，国際条約に違反するものとなる[44]．

　序で確認したように，日本の国内法秩序において，条約をはじめとする国際法には法律に優位する地位が与えられており，条約と両立しえない法律は無効となる．裁判当事者の一方が法律の条約違反について説得力ある主張を展開するためには，関連条約規定にかんする背景知識や解釈に通じていなければならない．このような見地からは，国内裁判所における国際法規範の適用にとって，国際法学者の役割はますます重要なものとなるだろう．

1) このテーマをあつかった文献は枚挙にいとまがないが，たとえば以下を参照．広部和也・田中忠編著『国際法と国内法』，勁草書房，1991 年．Michel VIRALLY, "Sur un pont-aux-ânes : Les rapports entre droit international et droits internes", in M. VIRALLY, *Le droit international en devenir, Essais écrits au fil des ans*, P.U.F., 1990.
2) たとえば人権の国際的保障にかんする諸条約のなかには，条約当事国にたいして，難民への内国民待遇を義務づけるもの（難民条約），社会権の漸進的実現を求めるもの（社会権規約），領域内で人権を尊重・確保し，憲法の許す範囲内で立法措置をとるよう求めるもの（自由権規約）などがある．これらの場合，いずれも国内措置を通じて当該国際法規範を実施することがあらかじめ想定されているのであり，これらの分野での国際法と国内法との連携・相互補完性はますます緊密なものとなっている．
3) CCPR/C/115/Add.3.
4) ただし，この場合でも，国内裁判所・行政機関において実際に直接適用できる条約は，権利義務が明確かつ詳細に定められていなければならない．一般的受容方式をとる国において条約の国内的効力は一般に認められるものの，そのような条約のすべてが当然に自動執行力を有するわけではない．このことは内外の学説・判例の認めるところである．たとえば，以下を参照．「ダンツィッヒ裁判所の権能にかんする事件」常設国際裁判所勧告的意見（C.P.J.I. Série B, nº. 15, 1162）; Pierre-Marie DUPUY, *Droit international public*, 4e édition, DALLOZ, 1998, pp. 369-371 ; 谷内正太郎「国際法規の国内的実施」『国際法と国内法』，前掲，109-131 頁．
5) 各条約末尾の数字は，1 ）～ 4 ）についてはそれぞれ日本が署名および批准した年を，5 ）については条約採択年および日本が批准した年を意味する．
6) そのような国内法規定として，男女で異なる婚姻最低年齢（民法 731 条），女性のみに課された 6 カ月の再婚禁止期間（同 733 条 1 項），夫婦同姓（同 750 条），相

続をめぐる婚外子差別（同900条4号ただし書）などがあげられる．これらの規定の国内裁判所による解釈，および，これらの規定と国際法規範との関連については，後述する．

7) 同法には以下のような問題点がある．育児休業の対象となる「子」が1歳未満の子にかぎられること，休業中の所得補償としての雇用保険の支給が育児休業の場合だけに限定され，かつ，その支給額も賃金の20％（復職した場合にはさらに5％）にとどまっていること，介護休業期間が3カ月にかぎられていること，「日々雇用される者および期間を定めて雇用される者」がこの制度の適用対象から除外されていること，などである．以下を参照．中山和久編著『教材　国際労働法』（三省堂，1998年），149-156頁．二宮周平・榊原富士子『21世紀親子法へ』（有斐閣選書，1996年），207-211頁．
8) 国際女性の地位協会編『女性差別撤廃条約注解』尚学社，1992年，265頁．
9) 同上．
10) 鳥居淳子「国際人権法と家族関係に関する日本法」『国際法外交雑誌』97巻4号，1998年，41頁．本稿第Ⅱ部は，同論文に多くを負っている．
11) 以下を参照．細谷俊夫・奥田真丈他編『新教育学大事典』（第一法規，1990年），4巻，209頁．『中学校学習指導要領』（1977年），81-94頁．『高等学校学習指導要領』（1970年），6, 87-88, 91-92, 148-151頁．山下泰子『女性差別撤廃条約の研究』，尚学社，1996年，195頁．『中学学習指導要領』（1989年），94-95頁．『高等学校学習指導要領』（1989年），5, 90-91頁．
12) 『女性差別撤廃条約注解』，前掲，266頁．
13) 鳥居淳子，前掲，21頁．
14) 同上．
15) 同上，21-22頁．
16) 日本弁護士連合会編『世界に問われた日本の人権』，こうち書房，1994年，248-250頁．
17) 『家裁月報』，41巻9号，1989年，116-119頁．
18) 『判例時報』，1486号，1994年，31頁．
19) 同上，55頁．
20) 同上，1375号，1991年，32頁．
21) 同上，34頁．
22) 同上，1406号，1993年，8頁．
23) 同上，1563号，1996年，83頁．
24) 『最高裁判所民事判例集』49巻7号，1995年，32-33頁．
25) 『判例タイムズ』，764号，1991年，135-137頁．
26) 同上，134頁．

27)『判例時報』、1540号、1995年、6頁．
28) 同上、8-10頁．
29)『高等裁判所民事判例集』、46巻2号、1993年、68-75頁．
30) 同上、44-48頁．
31) 鳥居淳子、前掲、23頁．なお、国内裁判所における条約の間接適用の意義について、つぎを参照．阿部浩己・今井直『テキストブック 国際人権法』、日本評論社、1996年、34-36頁．
32)『判例時報』、1512号、1995年、9-10頁．
33) 鳥居淳子、前掲、29-30頁．山田鐐一「認知による日本国籍の取得」『ジュリスト』平成7年度重要判例解説、ジュリスト1091号、1996年、258-260頁．
34)『判例時報』、1604号、1997年、124-125頁．
35) 同上、127頁．
36)『行政事件裁判例集』、46巻10・11号、1995年、1084-1088頁．
37)『判例時報』、1564号、1996年、15頁．
38) 同上、16-17頁．
39)『判例時報』、1620号、1998年、54-55頁．
40) 岩沢雄司「日本における国際人権訴訟」杉原高嶺編『紛争解決の国際法』、三省堂、1997年、254頁．
41) 民事事件における最高裁への上告は、かつては、憲法違反がある場合、または、判決に影響をおよぼすことが明らかな法令違反がある場合にかぎって認められていた．1996年の民事訴訟法改正後も、憲法違反または重要な手続違反がある場合（同312条）または法令の解釈にかんする重要な事項を含むものと認められる事件の場合（同318条）にかぎられている．刑事事件においても、原則として、高等裁判所が憲法に違反したかその憲法解釈に誤りがある場合、最高裁の判例と相反する判断をした場合（刑事訴訟法405条）または法令の解釈にかんする重要な事項を含むものと認められる事件の場合（同406条）にしか認められない．したがって、国際法違反を理由とする上告は、たいていの場合、「たんなる法令違反」とみなされて－国際法規は国内法上法律に優位するはずなのに－受理されないのである．以下を参照．岩沢、同上、254-255頁、阿部・今井、前掲、36-37頁．
42) 岩沢、前掲、265頁、阿部・今井、前掲、37頁．
43) 岩沢、前掲、266頁．
44) 伊藤正巳「国際人権法と裁判所」『国際人権』1号、1990年、7頁．このような事態は、実は、条約と憲法との関係の再考を促している．この理論的に興味ある問題の考察は将来の課題としたい．日本の裁判所が人権条約にたいする憲法優位の立場を頑なにとりつづけていることを批判するものとして、つぎを参照．江橋崇「日本の裁判所と人権条約」『国際人権』2号、1991年、18-22頁．

家族関係と国際私法上の公序

序　　論

　家族関係は国際私法において常に多くの困難な問題をもたらしてきた．そして繰り返し問われてきた問題のひとつに国際私法上の公序の役割のそれがあることは疑いのないところである．実際にも，家族法，特に婚姻，離婚，親子関係に関するものは，強行規定の多い分野である．それ故に，そこにおいて国際私法上の公序がしばしば登場するのは当然である．さて，まず，この公序が何であるのかを想起してみよう．

　牴触法の一般理論においては，公序は準拠法たる外国法を排除して法廷地法に置き換えるという効果を有する特殊な技術である．

　いつそれが利用されるのか．

　この道具は，外国法がショッキングと思われる規定，及び重要と判断される規範に違反する規定を含むときに，用いられる．そのことが明らかに生ずるのは，外国法が今日において普遍的価値をもつ原則を無視しているときに（結婚した妻はその夫の奴隷になる旨又はその逆を定めている法律を想像せよ）である．しかし公序は，外国法が法廷地の法秩序において特に強固なものとみなされる命令を保証すべき立法政策に反するときにも，登場する．例えば，或る時代には，婚姻を保護するという配慮が，フランスにおいて，相互の同意による離婚を認める法に対する公序の反発をもたらした．ときとして絡み合う公序のこの二つの側面についてこれ以上話さない．重要なのは，この技術のなかに外国の邪な精神から法廷地法という寺院を守る一種の番人，威嚇する眼差しの凶暴な守護者——Lokapala又は四天王のようなもの——をみることである．

　この国際私法上の公序は幾つかの主な特徴を有するのであり，この序論でそ

れらを簡潔に示しておくのが適当である．

(1) 第一に，国際私法上の公序は，法廷地の牴触規則が外国法を準拠法としていることを前提とする．フランス国際私法の体系においては，人的地位に関して準拠法となるのは原則として当事者の本国法である．そして例えば，公序は，通常ならば適用されるべきイタリア法又はスペイン法を排除する．それ故に，公序は排除のメカニズムを構成する．

(2) 国際的公序という表現は，しかし，不適切である．というのは，それは，当該観念が普遍的価値を有する規範を含むことをほのめかすからである．そのことは若干の場合（奴隷の禁止）にはあてはまるが，非常にしばしば公序は，外国法が我々の法と極めて異なるという理由だけで，それに対して反応する．それ故に，極めて異なった外国の規則に対する，むしろ国家主義的な防衛方法である楯が，問題となっているのである．実際に，『国際的』という形容詞は，当該技術が外国的要素を示す事態に適用されるということを示すために使用されるのであり，今日一般になされているように，国際的公序のフランス的観念という言葉を使う方が，より正確であろう．

(3) この公序の介入は抽象的にではなく具体的な仕方で行われる．そのことは，事件ごとに外国法の適用がショッキングかどうかを探究すべきであるということを意味する．外国法の適用が或る場合にはショッキングであるが他の場合にはそうでないということがありうる．公序のこの相対性は，他の性質，即ち公序の現在性（actualité）と相伴う．

(4) 外国法が法廷地の基本原則と合致するか否かは，裁判官が裁定する日に評価される．それは，公序の進化する性質に由来し，公序の現在性と呼ばれるところのものである．かくして，姦通子に嫡出子の権利と同じものを与える外国法は，かつては我々の公序の観念に反したが，現代ではもはやそうではないのである．

このことは，序論における最後の指摘に導く．

1970年代において離婚及び親子関係に関する我々の民法がよりリベラルな考えへと進化したが，それは公序の緩和をもたらした．内国法がより寛大になっ

たので，公序がより控えめになったことは当然だった．それは実際に予測できる結果であった．即ち，判例は，以前には我々にとって良俗に反するものであった外国の規則の適用を，より容易に承認したのである．しかし，より最近，態度の硬化が生じた．というのは，新たな考慮が公序を刺激したからである．それがわかるためには，まず，公序が現れる箇所を提示しなければならない．これが第Ⅰ部の対象である．次に我々は，第Ⅱ部において，公序の強度がいかなるパラメーターに応じて変化しうるのかを検討する．

第Ⅰ部 国際的公序の感性を目覚めさせる家族法上の制度

公序の感性を目覚めさせてきた家族法上の制度について語ることは，実際は，当該事項の総体を想起させることになる．事実，家族法上の制度のすべては，様々な程度において関わってくる．即ち，婚姻，離婚，親子関係，養子縁組，相続，夫婦財産制などである．しかし公序の介入が最も頻繁なのは，特に非財産的家族法の分野においてである．かくして，我々はこの領域に限定して説明することにする．なかでも婚姻それ自身，離婚及び親子関係という三つの領域が特に選択される．そして，それらを公序の反応という観点のもとに順々に考察することにしたい．

A 婚　　姻

公序の感性は，常に，婚姻の実質的成立要件に関して強い．最も有名な場合は，フランスでは，一夫多妻婚の場合である．けれども，公序が時々にしか現れない場合も存するのであり，それを即座に示すことができる．

(a) まず,公序の脅しがかかる若干の例

公序は二つの方向で介入しうる.即ち,フランス法よりも寛大な外国法に対してと,フランス法よりも厳格な外国法に対してである.

判例及び学説を検討すると,次の一般的な傾向が明らかになる.即ち,フランス法は最小限の厳格さを強制するものとして現れるのであり,そこから,より寛大な法に対する敵対的な態度が生ずる.もちろん,そこでは図式的な方向性が問題となっているにすぎないのであり,そのことがこれから実証される.

(1) フランス法よりも寛大な法律

次の四つの例が,婚姻の実質的成立要件に関してより寛大な外国法に対するフランス法の立場を例証するのに役立つ.

第一の例は,準拠外国法が,フランス法の定める婚姻年齢(フランス民法144条によると女性については15歳,男性については18歳)よりも低いものを定めている場合である.フランスにおいて支配的な見解によると,この外国法は公序に反するので排斥されるべきである.したがって,フランス法の定める年齢は,最低限を構成するのである[1].

第二の例は,類似の問題であり,両親の同意の必要性に関係する.仮に或る人が婚姻年齢に達しているが,親権者の同意を得るべきであるとする.フランス民法においては,それは15歳と18歳の間の娘の場合である.そして,その本国法によるとかかる同意を必要としない17歳の娘を想像してみよう.フランス法が18歳までにかかる同意を要求しているのに,それを免除する娘の本国法を適用しうるのであろうか.未成年者が思慮深い承諾を与えうる年齢に達している以上,より柔軟な外国法は,必ずしも体系的に公序に反するのではない[2].

第三の例は,夫婦自身の同意に関する.本当の意思を表明できない人の婚姻を許す外国法は公序の効果によって排斥されることは,いうまでもないことである.

第四の例は,血族関係と姻族関係から生ずる障害に関係する.公序は過度に寛大な外国法すべてを排斥する.例えば,存在すると仮定したうえでの,直系

親族間の婚姻又は兄弟姉妹間の婚姻を許す法律である[3]。

逆に，外国法たる本国法がフランス法よりも厳格であることがありうる．そのときには公序はどのように反応するのであろうか．

(2) フランス法よりも厳格な法律

次の二つの場合が見出される．

まず，外国法がフランス法の知る障害について，より厳格な場合である．次に，外国法がフランス法に存在しない障害を創設していて，両者の隔たりが大きい場合である．

α) 最初の事態の例を出そう．即ち，婚姻の取消をもたらす性質の合意の瑕疵が問題となる場合である．

フランス民法においては，合意の瑕疵を理由に婚姻を取り消す可能性がかなり制限されている．かくして，詐欺は取消原因ではない．他方，しばしば，より多くの無効の場合を創設する外国法，即ち，婚姻の有効性についてより厳格な法律が見出される．そのような法律は一般には公序に反するものとはみなされない[4]．婚姻能力に関してフランス法よりも高い年齢を課す法律，又は両親の同意をより長い間要求する法律についても，その要求が過度であるように見えないという条件で，同様である．

β) 外国法がフランス法の知らない障害を定めていることもある．この場合には公序は当然により敏感になる．そして，当該障害が我々の道徳的，政治的又は社会的秩序に反するたびに，公序は介入する．

特に，異なる人種又は宗教の男女の間の婚姻を禁止する法律についてそうである．パリ控訴院は，最近，「フランスの公序は，回教徒たるモロッコ人女性と非回教徒との婚姻を禁ずるモロッコ法のように，外国法が婚姻の自由に対して設ける宗教的性質の障害に反対する」ということを想起させた[5]．そして，そこに，国際条約[6]によって認められているが故に真に国際的といえる公序の表明が見出されうる．また，議論の多いところではあるが，身体的又は精神的病気を理由に婚姻を禁ずる法は我々の公序に反するように思われる[7]．

しかし，公序の介入の最も有名な場合は，明らかに，一夫多妻婚である．

(b) 一夫多妻婚という特別な場合

この場合は別に研究されるに値する．というのは，フランスにおいてはそのテーマに関して判例はかなり豊富だからである．実際に，他のヨーロッパ諸国とは異なり，広大な植民地を有していたフランスは，若干の領土において一夫多妻婚を許す地方的慣習又はコーランの法律が維持されることを，認めていた．それ故に長い間，それらの領土において締結された一夫多妻婚の有効性の問題，及び一夫多妻婚が本土（フランスのヨーロッパ領土）で生ぜしめる効果の問題が，提出されてきた[8]．最初の態度は一夫多妻婚に対するあからさまな敵意を表している．一夫多妻婚は，キリスト教的西洋文明の原則に重大に反するとみなされたのである．そこから，一夫多妻婚の承認を完全に拒否するという，否定的な，時として抑制的なアプローチが生ずる．この観点は，特に，前世紀のイギリスで Hyde v. Hyde[9] 判決において現れた．イギリスの裁判官は，まったく率直に，一夫多妻婚について——その有効性についてであれ，効果についてであれ，又は解消についてであれ——裁判するための管轄権を有しないと宣言したのである[10]．

現代では，そのような反応はもはや受け入れられない．実際に，法の牴触はもはやサヴィニーの時代のようにキリスト教的西洋文明諸国の法に限られないのであり，そして人はもはや，我々のものとは極めて異なる制度について目を閉じる又は控えめなヴェールで覆うことにより無知な態度を採用することができない．更に，特にフランスでは，旧植民地から移住した回教徒の人々の重要性のために，一夫多妻婚は，たとえ実際には極めて普通であるのではなくても，無条件に無視されえないのである．

また，法廷地の法的カテゴリーを，類似の制度を包括して世界のあらゆる法秩序に関わる法的問題を規律することができるように，拡張せしめるという，この国際私法上よく知られた技術が，適用されるべきである．したがって今日では一般に，『婚姻』というカテゴリーは一夫多妻婚を含む，ということが認

められている．

　この点については疑いの余地はないとすると，一夫多妻婚でもって正確には何を理解しなければならないのかという問題が提出される．

　古典的な答えによると，既に婚姻している人が先に挙行された婚姻の解消のないままに新たな婚姻を締結する（又はしようとしている）ときに，婚姻は一夫多妻婚である．

　しかし，他のより拡張的なアプローチが存するのであり，それは，『潜在的一夫多妻婚』と呼ばれるところのものを含む．夫が第二の妻を得る権利を有するかぎり，たとえ彼がそれをしていなくても，婚姻は潜在的に一夫多妻婚である．それが Hyde 判決によって採用された概念であった．

　けれども，フランスでは判例及び学説は，第二の婚姻が締結された又はされようとしていることを前提とする狭い概念を維持している．そのことは，問題がもっぱら第二の婚姻の有効性又は効果の視点からのみ提出されてきたことを説明する．

　このような問題の取り組み方は，準拠法の決定に直接的な影響を与える．

　実際に，公序を発動させるべきかどうかを知る前に，準拠法を決定しなければならない．ところで，一夫多妻婚の場合は単純ではない．もちろん，人的地位の問題については，原則として本国法が準拠法となる．しかしここでは人は，少なくとも二つの婚姻と三人に直面する．これらの人々が異なる国籍を有するときにはどうすべきなのか．

　ここでは議論の詳細に立ち入ることはできない．それは，公序の議論に先行するにすぎないものであるからである．それ故に，一般に維持されている図式を，たとえ他のものが考えられうるとしても，示すだけで十分である．

　実定法によると，重婚という障害は，双方的なものとみなされている．というのは，夫婦二人の間の同じ関係に関わる条件が問題であるからである．したがって，当該婚姻が無効であるためには，二つの本国法のいずれか一方が一夫多妻婚を禁止していることだけで十分である．

　二つの例を示そう．

第一の例．既に婚姻しているフランス人男性が，その本国法が一夫多妻婚を認めているところの女性と，第二の婚姻を締結するとする．この第二の婚姻は，夫の本国法たるフランス法の単純な適用によって無効となる．フランス法は，第一の婚姻が解消されていないときに第二の婚姻を締結することを，彼に禁じているのである．

第二の例．独身のフランス人女性が，その本国法が一夫多妻を許しているところの既婚の外国人男性と，結婚するとする．その場合にも第二の婚姻はフランス法によって無効となる．というのは，フランス法は独身のフランス人に一夫多妻の外国人との結婚を禁じているからである[11]．それは，ある著者が『受動的一夫多妻婚』と呼ぶところのものである[12]．

これに対して，婚姻は，夫婦の各々の本国法が一夫多妻婚を認めているかぎり，有効とみなされうるであろう．公序の問題が生ずるのはそのときである．

この点については，婚姻がフランスで挙行されるのか外国でかに従って，極めて明確な区別がなされる．後者の場合においては婚姻は公序の緩和された効果の理論（第Ⅱ部を参照）によって有効と判断されうるが，前者の場合にはいかなる逃げ道も存在しない．フランスで夫婦の本国法に従って挙行された一夫多妻婚は，公序の介入により一貫して無効と宣言されている．判例はこの点について確固としている．例えば，1991年6月21日のパリ控訴院判決[13]の理由を引用しよう．『公序に関するフランスの観念は，既婚の外国人がフランスにおいて第一の婚姻の解消前に新たな婚姻を締結することに，たとえこの婚姻が外国人の属人法にかなっていても，反対する』．

さて，婚姻が公序の障害を乗り越えて有効である，と考えてみよう．それ故に，婚姻は効果をもたらし，そして場合によって，公序に敏感な家族法上の第二の制度たる離婚によって解消されることになる．

B　離　　婚

婚姻とは逆に，離婚はフランスにおいては極めて波瀾に富んだ制度である．

離婚は，19世紀の初めに創設され，1816年に禁止され，1884年に復活させられ，そして1975年7月11日の法律により大きく改造された．かかる国内法の大きな変化は，公序の反応に影響を及ぼした．まず，1975年の改正前の事態について少し述べておこう．

(a) 1975年法以前

改正前には，公序に関する判例は主として，離婚は必要悪であり，フランス法の規定が拡張してはならない最大限の自由の度合いをある程度は示す，という考えに立脚していた．

判例はそこから二つの主な帰結を引き出した．

第一の帰結．フランス法よりも容易に離婚を認める外国法はしばしば公序の働きによって排除された．この判断が特に断固としてなされたのは，相互の同意による離婚[14]又は共同生活の破綻のための離婚[15]についてであった．

第二の帰結．それに対して，我々の公序の反応はより制限的な法律についてはかなり一致していた．例えば，裁判所は，特殊な離婚原因について訴えを1年の期間に閉じ込めるギリシア法は我々の公序に反しない，と判断していた[16]．問題は特に離婚を禁止する法律に関して提出された．稀な例外[17]を除いて，裁判所の判決は，離婚を禁止する外国法は少なくとも共同生活に終止符を打つことを禁ずるものでない限り公序に反しない，とみなした[18]．この原則は1963年5月15日に下された著名なPatino判決において破毀院によって初めて述べられた．それによると，『離婚と同時に別居も不可能であること』は公序に反する[19]．もちろんこのような解決の多くは，改正後はもとのままでは見出せない．

(b) 1975年の改正以来

1975年法によって，フランス民法の精神は完全に変わった．それは，相互の同意による離婚又は共同生活の破綻のための離婚を許すに至ったのである．それ故に，当該制度はもはや必要悪とはみなされず，むしろ夫婦の重大な困難に

対する正常な打開策のように思われる．人は『救済離婚』という言葉を使う．

そこで必然的に，公序の介入の場合が修正されることになる．

まず明らかなのは，相互の同意による又は共同生活の破綻のための離婚を認める法律に対してもはや公序が援用されえないということである．というのは，それは今やフランス法の知っている婚姻解消の場合であるからである．

ついで，人はフランス法よりも寛大な法律と厳格な法律との区別をここでも繰り返すことができる．

(1) フランス法よりも寛大な法律に対して

現代では，フランス法よりも寛大な法律の場合はかなり稀に現れる．そしてすべてがフランス法との相違の大きさに依存する．外国法が例えば共同生活の破綻のための離婚についてフランス法の期間（6年）よりも少ないものを定めることにより，単に我々の法よりも少し寛大であるだけのときには，公序は介入すべきではないであろう[20]．それ反して，配偶者の重い病気を理由に離婚することを許す法律のように，あまりにも寛大な外国法は我々の良俗に反するおそれがある．

公序が登場するのは，特に，一方的離婚（répudiation unilatérale）に関してである．特にイスラム教の法律が夫のために定めている一方的離婚は，困難なく離婚の場合と性質決定される[21]．提出される問題は，離婚の準拠法たる外国法によって許される一方的離婚が，フランスの領土において特に宗教上の権威によって有効に宣言されうるのか，である．植民地立法と結びついた若干のためらいの後に[22]，判例はフランスで宣言された一方的離婚は無価値であると明確に決定したのであり，学説はその判例に賛成している．実際に，ここでは二つの理由が援用された．一つは明らかに公序である．かくしてエクス（Aix）控訴院は，1981年に，フランスにおいてラビの裁判所によって宣言され，そして純然たる一方的離婚と同一視される離婚は『当該事項に関するフランス法の公序の原則に根本的に反するのであり，フランスにおいては少しも効果を有しえない』，と宣言した[23]．第二の理由は，手続的秩序に関する．フランスにおける

離婚は強制的に裁判的性質を有する．それは国家裁判所によってのみ宣言されうるのであり，宗教的又は領事的権威はそれを裁判するための管轄権をまったく有しない[24]．

ところで，より制限的な法律についてはどうであろうか．

(2) より制限的な法律について

フランス法と同じ離婚原因をより厳格な条件で定める外国法，又は離婚原因の数を減ずる外国法は，ア・プリオリには我々の公序に反しない．けれども，その外国法は人種的，宗教的又は性的な差別を設けてはいけないのであり，そうでないと民事上の平等の原則に反することになる．一方的離婚の場合が既にそうである．というのは，それは夫に留保されているからである．他のかなり特異な例証が，パリ控訴院によって1973年に下されたBendoleba判決[25]を読むと，明らかになる．本件においては，準拠法たるカメルーン法が差別を設けていた．妻の姦通はフランス法におけるように離婚原因の一つであるが，夫の姦通はそうではなかった．この規則により，当該外国法はフランス法よりも制限的であった．というのは，それは妻から夫の姦通を利用する権利を奪ったからである．いずれにせよ，外国法は，男女の間に設けたその明確な差別によって，我々の公序に反すると宣言された[26]．

さて，――極めて稀になった――より制限的な外国法，即ち離婚を禁止する外国法の場合を考察することが残されている．前に言及した解決は，1975年の法改正の後にも原則的に維持された．それ故に，離婚を禁止するが夫婦に夫婦関係の弛緩の方法に訴えることを許す法律は，それ自体としては公序に反しない．そのことは1977年に破毀院によって再確認された[27]．しかし後述するように，破毀院は後にその原則に含みをもたせるに至る．それに言及する前に，公序に敏感な家族法上の制度の最後のものを示さなければならない．即ち，親子関係が問題となるのである．

C 親子関係

　国内法においては，親子関係に関する規定は，社会は家族によって作られるという理解を反映して，かなり顕著に強行的性質を帯びる．その結果，国際私法においては，公序の脅しがしばしば見かけられるということになる．

　離婚についてと同様に，重要な句切りは，1972年1月3日の法律によって実行された民法の大改革の結果として生じた．

　その改革の前には，学説は判例から次のような一般的な傾向を引き出した．つまり，より寛大な法律，即ち親子関係の証明をより容易に認める法律は，しばしば公序に反すると宣言されたが，これに対して，より厳格な法律はあまりためらうことなく適用された，と．

　その解決は今日ではかなり不明確になっている．

　困難を生ぜしめたのは特に婚外親子関係であり，この紹介において取り扱われるのはそれのみである[28]．

　主たる問題は次のごとくである．つまり，イスラム法のように婚外親子関係の証明を禁ずる外国法は我々の公序に反するのか，と．子の真の親子関係の証明をできるだけ頻繁に許すという，1972年の改革の推進者の配慮は，そのような法律を公序の働きによって排除することに導かねばならないであろう．1979年にパリ大審裁判所が判断を下したのは，正しくこの意味においてである[29]．しかしこの解決は，その後に破毀院によって，1988年に裁かれた他の事件において非難された[30]．それは明確に，『婚外親子関係の証明を禁ずる外国法は，子供に必要な援助金を保証することを唯一の要求とする国際的公序に関するフランスの理解に，反しない』ことを確認した[31]．けれども破毀院はより最近において，近接性（proximité）の公序という概念に訴えることにより，この原則を緩和した．この概念は既に公序の強さの多様性を表現するものであり，それはこの報告の第Ⅱ部において考察されるべきである．

第Ⅱ部　公序の強さの変化

　公序の介入は問題となる制度（一夫多妻婚，一方的離婚又は他のもの）それ自身の特性にのみ依存するのではない．他の事情も一つの役割を演ずる．
　第一の事情は，長い間認められてきた地理的なものである．つまり，権利がフランスで獲得されたのか又は外国でかに従って，区別がなされるべきである，と．後者の場合には，公序はあまり敏感ではないことになろう．
　第二の事情は，より最近現れたものであり，より具体的な仕方で推論し，状況の様々な事実的要素を考慮に入れることである．それは，近接性の公序と呼ばれるところのものである．
　この二つのメカニズムを順を追ってみることにしょう．

A　緩和された公序

　緩和された公序の観念が現れたのは，まさしく家族法の領域においてである[32]．人はその起源を 1860 年に離婚に関して破毀院によって下された Bulkley 判決に遡らせるが，破毀院が 1953 年 4 月 17 日の Rivière 判決[33]において明確にそのメカニズムを提示したのは，婚外父性に関する外国判決についてである．つまり，『公序に反する規定に対する反応は，それがフランスにおける権利の獲得を妨害するのか，又はフランス国際私法により準拠法となる法律に従って外国で詐欺なくして獲得された権利の効果をフランスで生ぜしめることが問題であるのか，に応じて同じではない』，と．
　この区別はもっともである．権利が外国で獲得され，そしてそこで既に効果を生ぜしめているときには，それをまったく無視することは明らかに問題である．そのような理由で，この場合には公序はあまり厳格な仕方では介入しない，即ち緩和された仕方で介入するのである．

我々はこの事柄を，豊富な判例をもたらした二つの家族法上の制度たる一夫多妻婚と一方的離婚でもって，例証してみよう．

(a) 一夫多妻婚

緩和された公序のメカニズムはよく知られており，次の二つの原則により要約される．

まず，公序は，既にみたように，フランスで挙行された一夫多妻婚の承認に反対する．しかし——そしてその点が我々の関心を引くのであるが——，次に，公序は外国で有効に挙行された婚姻の効力を必ずしも妨害しない．その場合にはすべてが，フランスで生じさせることが望まれている婚姻の効果に依存する．即ち，或る効果は他のものよりも容易に承認されるのである．考察されるのが財産的効果か身分的効果かによって，取り扱い方が異なる[34]．

(1) 財産的効果

それに関しては一般的傾向は定まっている．即ち，公序はかなり容易にこの効果に満足する．そのことは最初に，第二の妻に対する夫の扶養義務について極めて明確に承認された．この寛大な態度は，そのあとで婚姻から生ずる他の権利又は義務にまで及んだ．

第1の場合，即ち，扶養義務．

破毀院は，1958年と1963年に下した二つの Chemouni 判決において，公序は第二の妻への扶養の付与に反対しない，と決定した[35]．生活するのに必要なものを彼女に付与することは，ショッキングなようには思われない．同じ態度は，夫婦財産制や相続に関しても見出される．

第2の場合，即ち共通財産の分割．

第二の妻は，夫婦共通財産における持分を要求することができる．もちろんそのときには，いかにして重婚期間の共通財産を清算するのかという，困難な問題が生じる．我々にとって重要な点は共通財産の分前に対する第二の妻の権利の存在を確認することであるので，我々はそのような技術的に困難な箇所に

は手をつけない[36]．極めて近い問題は，彼女の相続適格に関係する．

　第3の場合，即ち生存配偶者の権利．

　1980年の重要な判決（Bendeddouche判決）において，破毀院は次のように宣言した[37]．つまり，『外国で当事者の本国法に従って合法的に締結された一夫多妻婚の場合には，第二の配偶者とその嫡出子はそれらの資格において第一の配偶者とその子供と共同して，フランスの相続法によって配偶者や嫡出子に認められた権利を行使することを主張しうる』，と．

　この判決は各配偶者の相続分を明確にしなかった．というのは，その問題が裁判所に提出されていなかったからである．しかし，その問題は国内法において他の重婚の事態に際して現れた．そこでは，第二の妻がみなし婚姻の利益を得たのであり，そのことは彼女に相続分を要求する権利を与えた．採用された解決は，国際私法に完全に移し替えることができるものであり，次のごとくである．つまり，他の相続人，特に直系卑属を害しないために，法律によって残存配偶者に付与される相続分は動かないままであり，妻二人の間で同等に分けられる，と．かくして，フランス相続法においては子供と競合する残存配偶者は用益権（usufruit）において4分の1の権利を有するので，残存配偶者が二人である場合には，各々は8分の1を有することになる．

　第4の場合．

　夫の事故死の場合には，同様に，各妻は責任者に賠償金を請求しうることが認められている[38]．

　これらの若干の例は，公序が財産的効果の分野では明確に緩和されているということを示す[39]．けれども，正当化されるべき微妙な一つの例外が存するのであり，それは疾病保険に関する．破毀院は，唯一の妻のみが社会手当ての権利を有する，と判断した[40]．破毀院の配慮は，社会保障の財政を負債で苦しめるのを避けるということであったように思われる．にもかかわらず，その結果，かなり逆説的な事態が生ずる．実際，国内法の条文は被保険者の被扶養者たる資格を複数の妻に与えている．即ち，正当な妻と，夫と同棲する人にである．そのことは，フランス人間の事実上の一夫多妻婚は法律上の一夫多妻婚よりも

よく扱われる,ということを示す.ある著述家[41]が適切に指摘したように,『根本的に一夫一婦制の社会は,たとえ自分のところの者の一夫多妻婚を見て見ぬふりをすることができても,他の社会の制度化された一夫多妻婚に対して好意をもてないのである』.

結局,疾病保険の給付の場合を除いて,一夫多妻婚は財産的平面では広い効果をもたらす.

婚姻の身分的効果については,事情は同じではない.

(2) 身分的効果

その点については,或るひとつの事件が提示されるに値する.アルジェリア人が妻二人を有していた.第一の妻は第二の婚姻の存在を知って,姦通のための離婚の訴えを提起した.夫は,妻が夫婦の住居を捨てたという理由で,自己に利益になるように離婚を請求することによって反駁した.換言すれば,夫は彼女が自分及び他の妻と同居しなかったと非難したのである.ヴェルサイユ裁判所は,『夫は夫婦の住居において第一の妻に第二の妻の存在を強制することが出来ない』と判断した[42].かくして,第一の妻は同居義務を免除されたのであり,そして判例は更に進んで,妻は夫の行動が離婚請求を正当化する侮辱を構成すると主張することができる,と判断するに至った[43].

実をいうと,財産的効果の運命と身分的効果のそれの区別は,含みをもたさせられるべきである.公序が反対するところのものは,妻に貞節や同居の義務を強いる夫の特権である.しかし,様々な関係者が結婚から生ずる義務を自発的に履行しているときには,公序は介入する必要はない[44].公序は強制される一夫多妻婚を回避するのに役立つにすぎないのである[45].

外国で合法的に挙行された一夫多妻婚の効果に関するフランス裁判所の一般的なアプローチは,そのようなものなのである.それは概ね当該効果にかなり好意的である.しかし少なくとも或るひとつの事件においては,裁判官は他の視点から問題を考察した.つまり,一夫多妻婚にフランスで効果を生ぜしめることは,両性平等という憲法上の原則に反する,と[46].この論拠は,習慣的に

使用されることになれば，そのときには，一夫多妻婚にフランスで効果を生ぜしめる可能性をすべて消滅させることになろう．人はまだそこまではいっていないが，その兆候が形を見せている．その兆候は，この論拠が一方的離婚の場合に大変に重要になっているだけにますます重大である．次に一方的離婚の場合を紹介しよう．

(b) 一方的離婚

我々が見たように，フランスにおいて宣言された一方的離婚は，公序の働きと，離婚を宣言する裁判所以外の権威の無管轄によって，価値を有しない．一方的離婚が外国で合法的に生じたときに，原則として第一の論拠のみが考察されうる．判例は，外国で決定された一方的離婚に対する公序の反応について，指導方針を見出すのに難儀している．概略的に，三つの時期が区別されうる．

(1) 第一の時期は，暗中模索という言葉によって示される．若干の事実審裁判所は外国で生じた一方的離婚のフランスでの効果を認めたが[47]，破毀院はよりためらいがちな態度を示した[48]．

(2) ついで，第二の時期において，破毀院は，或る著述家が『フランスの裁判官はイスラム教の一方的離婚を承認する方向へ？』という表題の論文[49]を書くことができたほどに，その立場を明確に緩和した．一方的離婚は，三つの事態において効果を生ぜしめることができた．

第一の事態．即ち，妻が夫によって決断された一方的離婚に同意した，又は少なくともそれを承諾した，という事態である[50]．既に古くなっているこの解決は，当該事態はフランス法によって今日認められている相互の同意による離婚と極めて近いという確認によって，そしてもちろん妻がその同意を自由に表明できたという条件で，正当化される．

第二の事態．即ち，更に進んで破毀院はまた，一方的離婚は妻の同意がなくても『各当事者が申立てと防禦を行った手続』から生ずるかぎり効果をもたらしえた，と認める[51]．

第三の事態．1983年のRohbi判決において，破毀院は一方的離婚に好意的

な動きを強化した．つまり，公序は妻が外国での手続において彼女の言い分を聞いてもらえたことを要求しないこと，及び公序を満足させるためには妻が金銭的保証を受領したことで十分であること，を宣言したのである[52]．

かくして，一方的離婚に対する好意の最も強い段階では，判例は，妻が同意を与えていたとき，その防禦手段を利用することができたとき，又は金銭的保証を得ていたときには，公序の活動を抑えたのである[53]．

しかし，この好意はすべての事実審裁判所によって共にされたのではなかった．1990年代の初めに後退の動きが感じられたのであり，そのことは，現在の時期である第三期に我々を導く．

(3) モロッコ人夫婦についてモロッコで生じた一方的離婚に関する破毀院の最近の三つの判決[54]を読むと，極めて明確な後退の態度が引き出される．三つの事件において破毀院は，二つの理由を援用しつつ，一方的離婚に効果を付与するのを拒否した．一つは，これらの事件に適用されるべきフランス＝モロッコ条約から引き出されるものであり，その価値は容易に拡大されうる[55]．この条約からは，『夫婦関係の解消を確認又は宣言するモロッコの判決は，被告たる当事者が合法的に召喚され又は代理されたときにのみ，フランスで効果を生ずる』という結果になる．ところで，三つの事件では，この条件が満たされていたことが立証されていなかった[56]．第二の理由はそれ自身一般的効力を有するのであり，欧州人権条約のための1984年11月22日の議定書（7号）の5条に基づく．同条によると，『夫婦は婚姻解消の時に権利と責任の平等を享受する』．この理由づけは，一方的離婚に関する以前の判例のすべてを問題にする性質のものである．定義上この解消方法は自己の意思を強制する夫の特権であるので，当該制度それ自体は両性平等の原則に反する．しかも，当該論拠は，雪だるま的効果をもたらしうるのであり，一夫多妻婚に関して（男性と同様に女性に複数の配偶者をもつことを許すことにより両性平等を尊重する法律を見出さないかぎり）類似の影響を及ぼしうるであろう[57]．

かくして，最近の進展は公序の硬化を示すのであり，公序の緩和された形で

の適用は若干の家族的制度に関して希薄になる傾向にある．この動きは，事態のフランスとの関係に応じて公序を別様に反応させる新しいアプローチの出現と組み合わされるべきである．それは近接性の公序といわれるものである．

B 近接性の公序

緩和された公序の観念は最近批判されているのであり，著述家はそれを新しい観念，即ち近接性の公序の観念に置き換えることを提案していた．人も知るように，緩和された公序の伝統的な観念によると，公序違反性は，問題なのが事態のフランスでの創設なのか，それとも外国で生じた事態への効果の付与なのかに従って，より厳格に又はより寛大に評価される．この区別は Ancel 氏と Lequette 氏[58]によって次のような理由で問題にされた．即ち『移動の容易さは，実際に個人に，公序の緩和された効果の観念からその存在理由の一部を奪う準偏在性を付与する』，と．これらの著者は他のアプローチを提案する．つまり，事態の創設の場所に機械的な仕方で執着するよりもむしろ，事件ごとに，事態が特に当事者のフランス国籍を理由にフランスとの緊密な関係を示すか否か，を探究しなければならないであろう，と．その場合に近接性の公序の観念が現れるのであり，それは，公序との適合性を当事者の国籍に従い，より厳格に又はより寛大に評価するように勧める．この観念は，ドイツに起源を有するのであり（内国関連性 Inlandsbeziehung）[59]，若干のフランスの判決において，しばしば緩和された効果の理論と結びついて現れた．

以下がその主要な例証である．

(1) 第一の現れは離婚に関係する．破毀院の伝統的な判例によると[60]離婚を禁ずる外国法はそれ自身としては公序に反しない，ということが想起される．しかしながら破毀院は後にこの原則の方向を変えた．即ち，1981年の判決において破毀院は，離婚を禁ずる外国法は『フランスに居住するフランス人のために離婚を請求する権能を強制する，国際的公序に関するフランス的観念に反する』，と述べた．かくして，外国法を排除するためには二つの条

件が結び付けられねばならない．即ち，離婚を請求する者のフランス国籍とフランス住所である．

類似の分析が一方的離婚に適用されるようなことになれば，近接性の公序は，妻がフランス人でありフランスに居住しているときには，一方的離婚を許す外国法の不適用を正当化しうるであろう．

近接性の公序の他の現れは，一夫多妻婚の効果に関して見出される．

(2) この観念が適用されたのは，より正確には，1980年に破毀院によって裁判されたBaaziz事件において，労災年金に関してである[61]．アルジェリア人男性がフランスでフランス人女性と第一回目の婚姻をして，ついでアルジェリアでアルジェリア人女性と第二回目の婚姻をした．彼の事故死の後に，労災年金が妻二人の間で分配されるべきかどうかという点について，訴訟が企てられた．破毀院は，労災年金はもっぱら第一の妻のものになるべきであると決定して，否定的に答えた．その理由は再現に値する．即ち，国際的公序に関するフランス的観念は『フランス人女性の夫によって外国で締結された一夫多妻婚がその効果を当該女性に対して生ずることに反対する』，と．それ故に，第二の妻の請求が棄却されたのは第一の妻がフランス人であったからである，ということが明白である[62]．それに反して，妻二人がアルジェリアの回教徒であった場合に，破毀院は公序を作動させなかったのであり，妻二人の間での年金の分配を認めた[63]．

(3) 最後の例証は我々を親子関係の法，より正確には婚外親子関係の証明を禁ずる法の場合に，連れ戻す．

その点に関して1993年に破毀院が宣言したのは以下のことである．即ち，『親子関係の証明を禁ずる外国法は原則として国際的公序に関するフランス的観念に反しないとしても，その法律がフランス人たる子供又はフランスに平常居住している子供から親子関係を証明する権利を奪うときには，事情は異なるのであり，公序は通常なら準拠法となる外国法の適用に反対する』，と[64]．子供がフランス人であるか又はフランスに居住していることで十分であるとしているので，この判決は近接性の公序の介入をより広く認めている，

ということが指摘される．

　この三つの例証は，近接性の公序の介入の領域が広いことを示す．即ち，その公序は事態がフランスで創設されるとき（離婚に関する最初の事件）にも，単に事態に効果を生ぜしめることのみが問題となるとき（一夫多妻婚及び親子関係に関する事件）にも現れるのである．それは家族法の領域において公序の感性が依然として強いことを示す．我々のものとは極めて異なる外国の制度に対して寛容さが増大しつつあった時期の後に，公序は再び用心深い見張り番になる傾向にある．公序という寺院の守護者たる四天王の顔つきがしだいに険しいものになり，そしてその矛槍は今日では特に両性平等の原則を無視する法律の通過を妨げるのである．

1) この立場は民事身分の一般的訓令（540 条）によって採用された．同じ意味で，*Trib. gr. inst., Paris 15 mars 1972, Rev. crit. dr. internat. pr., 1973, p. 509, note D. Alexandre* において述べられた理由をみよ．それによると，『あまりにも若い未成年者の軽率な婚姻』を避けなければならない．それにもかかわらず，フランス法の年齢よりも低いものを定める外国法すべてに対して公序を対抗させることは，あまりにも厳格な立場であるように思われる．というのは，わずかに低い年齢の人によって締結された婚姻の有効性は大きな困難なしに承認されうるであろうからである．*Y. Loussouarn et P. Bourel, Droit internat. privé, 1996, n° 305.*
2) これは，フランス法が21歳まで両親の同意を要求していた時代に18歳以上の年齢のルーマニアの若い娘について，*Trib. gr. inst. de Paris le 15 mars 1972, préc.* が決定したことである．
3) 外国法がフランス法によると禁じられているが免除（dispense）によって許可されうる婚姻（例えば叔父とその姪との間の婚姻）の有効性を認めている場合には，公序は当然介入すべきではなかろう．
4) この方向において，*Trib. civ. Seine 4 avril 1951, Rev. crit. dr. internat. pr. 1953, p. 586, note H. B.* この事件においては，ニューヨーク州法は，離婚によって解消された第一の婚姻が純然たる民法上の形式で挙行されていたという誤った信念のもとに締結された婚姻を，同意の瑕疵（換言すれば，妻はもし配偶者の第一の婚姻が宗教的に挙行されていたことを知っていたならば，この婚姻を締結しなかったであろう）を理由に無効と宣言していた．より厳格なこの外国法は公序に反するとは宣言されなかった．
5) *Paris 9 juin 1995, D. 1996, p. 171, observ. B. Audit.*

6) 世界人権宣言であり，その16条は，『男性と女性は人種，国籍又は宗教に関するいかなる制限も受けずに婚姻し，家庭を築く権利を有する』と定める．欧州人権条約の12条と14条もみよ．

7) *Loussouarn et Bourel, op. cit., n° 306.* けれども或る判決（*Grenoble 19 juin 1963, Rev. crit. dr. internat. pr. 1964, 520, note J. Déprez*）は，夫の性的不能を取消原因の一つとするイタリア法を，公序に反しないと判断した．

  行政の許可がなければ婚姻を無効とする外国法に関しては，それは，支配的な見解によると，婚姻の自由を 過度に制限する という理由で 排除される おそれがある（*P.Mayer, Droit internat. privé, 1994, n° 552*）．

8) 問題の全体については，特に*J.-M. Bischoff, Le mariage polygamique en droit international privé, Comité français de dr. internat. pr. 1980-81, p. 91 et s.* をみよ．

9) *1866 L. R. I P. and D. 130.*

10) かかる厳格さは，問題の婚姻が『潜在的に一夫多妻婚的な』ものにすぎない，即ち夫はその本国法によると確かに第二の妻を得る権能を有するがそれをしていないだけにいっそう注目に値する．

11) 極めて明瞭な例として，フランス人女性と既婚のカメルーン人男性との間の婚姻に関する*Trib. gr. inst. Seine 21 juin 1967, Rev. crit. dr. internat. pr. 1968, p. 294, note H. Batiffol.*—フランス法はフランス人男性が複数の妻を得ることに反対するが，フランス人女性が既婚の男性と結婚して共同妻（co-épouse）になることにも反対すると述べる*Lyon 21 mai 1974, D. 1975, note Guiho.*

12) *J.-M. Bischoff, op. cit., p. 94.* フランスの判例によって採用された方法は批判された．というのは，それは，例えばフランス人妻が後に第二のカメルーン妻を得る独身のカメルーン人男性と結婚したときに，潜在的一夫多妻婚の有効性を認めることになるからである．第一の婚姻の有効性を承認することは若干の著述家にとってショッキングと思われた．というのは，それは，独身者と結婚するフランス人たる第一の妻に，夫によって締結された第二の婚姻を甘受することを強制するからである．

  別の解決も探究されたのであり，その主なものは次のごとくである．

(1) 一夫一婦制の条件は同様に第一の婚姻の特性とみなされるべきであるというのである．即ち，この婚姻は義務をもたらすが，その義務のなかに場合によっては他の婚姻の締結の禁止がある，と．かくして第一の婚姻は第二の婚姻の障害を構成することになるというのである．そこから，一夫一婦制の要求を第一の婚姻の効果として分析し，そしてその効果を支配する法律を適用するという考えが出てくる．この分析は*tribunal de grande instance de Paris du 8 avril 1987, Rev. crit. dr. internat. pr. 1988, 73, note Y. L.* の判決によって採用された．しかし，一夫多妻婚も直接に第二の婚姻に関係するので，この方法の結果は第一の婚姻の効果の準拠法と第二の婚姻の夫婦のそれぞれの本国法の要求の累積的適用である．この要求の累積は，

少し極端であるように思われうるのであり,そのことは別の解決に我々を導く.
  (2) 他の解決はもっぱら第一の婚姻の挙行地法にのみ訴えることにある.それは一般にイギリスの裁判所が行っているところのものである.
  (3) 第三のアプローチは,障害という用語でのみ推論し,そして当該障害が実際に第二の婚姻の夫婦に関わるのみならず関係当事者すべて,それ故に少なくとも三人に関わると考えることにある.その結果,一夫多妻婚の有効性はこれらすべての人物の本国法による許容に服せしめられる(この意味で Y. Lequette, note Rev. crit. dr. internat. pr. 1983, p. 277).
  現在まで,フランスの判例はほとんどもっぱら第二の婚姻の有効性の条件の用語で推論してきた.
13) *D. 1991, Inf. rap., p. 218.* 同じ方向において,*Trib. gr. inst. Paris 22 janvier 1968, Clunet 1969, p. 406, note Ph. K.* —— *Lyon 21 mai 1974, D. 1975, p. 9, note P. Guiho* (公序から引き出される理由は他の理由の補足であるように思われる.というのは,本件では妻がフランス人であり,婚姻は準拠法たるフランス法によると無効であったからである)—— *Paris 7 juin 1994, D. 1994, Inf. rap., p. 177.*
  その解決は行政的平面では,身分吏に対する一夫多妻婚挙行の禁止によって確認されている.刑罰の平面では,フランスで一夫多妻婚を締結する外国人は重婚の犯罪を罰する刑罰的サンクションを科せられる,ということになる.*Trib. correct. Villefranche sur Saône 6 nov. 1951, Rev. crit. dr. internat. pr. 1954, p. 764, note Y. L.* 更に,婚姻が外国の外交官又は領事館員によって挙行されたときにも,事情は同様である.即ち,重婚の犯罪は,フランス領土で犯されたものとみなされるので,同様に咎められるべきである.*Trib. gr. inst. Paris 8 avril 1987, Rev. crit. dr. internat. pr. 1988, p. 73, note Y. Lequette.*
  けれども,微妙な解釈の,或る孤立した判決は,モロッコの領事の前で挙行された一夫多妻婚の有効性を承認した.*Paris 5 avril 1990, D. 1990, p. 424, note F. Boulanger* その事件は,夫が離婚した妻の一人と再婚したので,特殊である.
14) *Cass. req. 3 avril 1935, S. 1935, 1, p. 230.* —— *Trib. gr. inst. Seine 23 déc. 1966, Rev. crit. dr. internat. pr. 1968, p. 742.*
15) *Trib. civ. Sarreguemines 3 février 1954, Rev. crit. dr. intern. pr. 1955, p. 308, note Y. Loussouarn.* それは3年以上の共同生活の停止のための離婚を認めるドイツ法を排除した.
16) *Trib. gr. inst. Seine, 11 mars 1964, Rev. crit. dr. internat. pr. 1964, p. 693, note Ph. Francescakis.* その理由は当時の支配的な精神状態を表明しているので想起されるに値する.即ち,『離婚を請求する権能について制限的なこの〔ギリシア法の〕規定は,フランスの公序に反するところのものを有しないが故に.実際,我々の公序はフランスの裁判官が我々の法律によって採用されていない原因のための離婚を宣

言することには反対するのであるが，それに対して，離婚一般を請求する権能も，時間的制限なく離婚原因を援用する権能も，通常なら準拠法となる外国法の適用の排除を強制する公序規定の性質を有しないが故に』，と．

17) *Trib. gr. inst. Seine 17 juin 1967, Rev. crit. dr. internat. pr. 1969, p. 770*（旧イタリア法に関する）．
18) *Cass. civ. 10 juillet 1979, Rev. crit. dr. internat. pr. 1980, p. 91, note H. Gaudemet-Tallon.*
19) *Rev. crit. dr. internat. pr. 1964, p. 532, note P. Lagarde.* そのような特に厳格な事態は明らかにかなり特異な事情においてのみ現れうる．本件では，準拠法たるボリビア法は離婚を許していたが，その言渡しを，婚姻が外国で挙行された場合に，挙行地法もそれを認めるという条件に従わせていた．かくして，ボリビア法からの，挙行地のスペイン法への或るタイプの反致が問題となった．しかし，スペイン法は離婚を禁じ，別居のみを知っていた．ところで，ボリビア法としては別居を知らなかったので，結局，夫婦は離婚することも別居することもできなかった．この結果は公序に反すると宣言された．

他の判決は次のように宣告した．つまり，離婚のみを知っている（そして共同生活の停止を認める他の方法を知らない）法は我々の公序に反する．というのは我々の公序はフランスにおいて夫婦の重大な不和の解決がもっぱら離婚のなかにのみ求められることに反対するからである，と．*Paris, 10 avril 1974, Rev. crit. dr. internat. pr. 1974, p. 502, note J. Foyer.*
20) 特別な困難がブラジル法の別居（『*desquite*』）の効果に関して生じた．ブラジル法は別居夫婦を貞節の義務から解放している．この『*desquite*』の特殊な効果は破毀院によって我々の公序に反するものとみなされなかった．*Cass. civ. 1, 11 juillet 1977, Rev. crit. dr. internat. pr. 1979, p. 395, note Y. Loussouarn.*
21) *Cass. civ. 1, 15 mars 1974, Rev. crit. dr. internat. pr. 1975, p. 260, note Nisard.*
22) 若干の疑問が植民地立法の時代に生じた．というのは，フランス法それ自身が，海外領土での地方慣習及びイスラム法の維持を容認したからである．そして，イスラム教徒はその法によって許可される一方的離婚のような行為を本国で実行することができるのか，という問題が提出されたのである．セーヌ民事裁判所は1956年3月26日に次のことを認めた．*Rev. crit. dr. internat. pr. 1958, p. 329, note Lampué.* つまり，本国に居住しているイスラム教徒男性は，その妻と一方的に離婚するために，アルジェリアにおいて彼を代理することを受任者に委託することができた，と．しかしながら，この解決は批判された（note Lampué）．
23) *Aix 21 janvier 1981, Rev. crit. dr. internat. pr. 1982, p. 297, note Légir et Mestre.*
24) *Paris 7 juillet 1959, Rev. crit. dr. internat. pr. 1960, p. 354, note Y. Loussouarn.* それは，パリの回教寺院の導師によって宣告された一方的離婚を『効果のない』もの

と言い渡した．── *Trib. gr. inst. Paris, 26 janvier 1978, Rev. crit. dr. internat. pr. 1979, p. 111, note D. H.* それは，パリのモロッコ領事館で宣告された一方的離婚を効果のないものと言い渡した．

25) *Paris 28 juin 1973, Rev. crit. dr. internat. pr. 1974, p. 505, note J. Foyer.*

26) かつて破毀院は，離婚の可能性を妻に拒絶する特に性差別的な外国法（モーゼの慣習に付託するオーストリア法）の適用を，受け入れた．*Cass. civ. 30 oct., 1905, D. P. 1906, 1, p. 306.* もっぱら妻を犠牲にして定立されたそのような規則は，疑いもなく，今日では公序の働きにより排斥されるであろう．

　より最近，裁判所は重婚の離婚への効果に関する問題を解決しなければならなかった．幾つかの裁判所は，夫がその本国法の許すように第二の妻を得るという事実は離婚を正当化する婚姻義務の重大な違反を構成する，と判断した．離婚に適用されるべき外国法（ここではモロッコ法）は，後の婚姻を第一の婚姻の義務違反とみなしていないので，公序の介入によって排斥された．*Trib. gr. inst. Orléans 17 mai 1984, Rev. crit. dr. internat. pr. 1986, p. 307, note F. Moneger.* ──*Paris 23 avril 1987, D. 1987, somm. comm. p. 348.* しかし，*Paris 5 avril 1990, D. 1990, p. 425, note F. Boulanger* は反対である．

27) *Cass. civ. 1, 8 nov. 1977, Rev. crit. dr. internat. pr. 1979, p. 395, note Y. Loussouarn.* つまり，『共同生活の終結を請求する夫婦にフランス国内法上提供される二つの制度の一方しか知らない外国法の適用は，国際的公序に関するフランス的観念に反しない』，と．本件では，別居を知らず離婚のみを知っているチュニジア法は，公序に反するとは判断されなかった．

28) 親子関係の全体については，*P. Guiho, La conception française de l'ordre public international en matière de filiation, Mélanges A. Breton et F. Derrida, 1991, p. 145 et s.* をみよ．

29) *Trib. gr. inst. Paris 23 avril 1979, Rev. crit. dr. internat. pr. 1980, p. 83, note P. Lagarde.* この判決は，『婚外子であることを理由に子供に親子関係を証明する権利をすべて否定する外国法規は，子供の権利に関するフランスの現代的観念に根本的に反し，そのようなものとして公序に反する』，と言い渡した．

30) *Cass. civ. 1, 3 nov. 1988, Rev. crit. dr. internat. pr., 1989, p. 495, note J. Foyer.* これもアルジェリア法に関する．

31) 公序の役割が議論されてきたのは，特に婚外父子関係の捜索の訴えに関してである．訴えの道を開くという方向で改正がしばしばなされた（1912年法，1972年法，1993年法）ことを考慮に入れると，公序の障壁は絶えず後退してきたといえる．かくして，判例はかつて父子関係の捜索をより容易に認める法に対して公序を介入せしめたが，後にその立場を緩和した．したがって，母と男性の性的関係という事実のみから父子関係の推定を定める法律は，少なくともこの法律が被告に推定を反駁

する，即ち彼の防禦を有効に保証することを許している以上，公序に反しない (Cass. civ. 1, 3 mars 1981, D. 1982, p. 285, note F. Boulanger)．ましてや，訴え提起のための期間について，より長い期間を定めたり，又は期間を定めなかったりして，よりリベラルな法律は，公序に反しない．この点に関する判例は1960年代に遡る．

公序の介入の他の領域は，姦通子の運命に関する．公序はかつては姦通子の準正を許す法律の適用に反対した．今日では，その役割は逆になっている，即ち姦通子の純正を禁止する法律に対して障壁を築くのである (Cass.civ. 1, 12 mai 1987, Clunet 1987, p. 101, note Niboyet-Heogy．つまり，『婚姻による婚外子——姦通子でもよい——の準正の原則は，フランス法の現代の基本的観念を示すのであり，それは公序の効果によりベルギー法の排除をもたらす』，と)．

親子関係に関する最後の問題は，その信頼性が討議されうる証明方法に関する．議論は特に，ドイツ法のように，法的には単なる証人として理解される母の宣言のみによる婚外父子関係の証明を認める法律に関して，生ずる．かかる基礎に基づく父子関係を宣言する外国の判決を前にしていかなる態度をとるべきか．豊富なフランスの判例は次の区別を行う．

——裁判所が母の宣言のみに基づいているときには，その判決は我々の公序に反するので執行命令を受けない．Cass. civ. 1, 19 mars 1973, Rev. crit. dr. internat. pr. 1974, p. 535, note G. Wiederkher.

——それに反して母の宣言が他の証拠資料によって補強されるときには，公序は執行命令に反対しない．Cass. civ. 1, 25 janvier 1977, D. 1977, p. 685, note Mezger.

32) 一般に使用されている『公序の緩和された効果』という表現は，批判されている．というのは，公序はその効果——外国法の排除——を生ずるか，生じないかのどちらかだからである．実際に，緩和されるのは公序の効果ではなく，権利の獲得地に応じて異なる公序の強さなのである．

33) Rev. crit. dr. internat. pr. 1953, p. 412, note H. Batiffol.

34) 婚姻の効果を支配する法がその成立を支配する法と異なることがしばしばある．例えば，実質的有効性の準拠法が一夫多妻婚を認めるサウジアラビア法であるのに，効果の準拠法がフランス法であるということがある．この場合には明らかにフランス法の適応が必要である．かくして，フランス法によって支配される貞節の義務は，夫は各妻と関係をもつ権利（更に義務）を有するが第三者とはそうでない，ということを意味するものとして理解されるべきであろう．

35) Arrêts du 28 janvier 1958, Rev. crit. dr. internat. pr. 1958, p. 110, note Jambu-Merlin et du 19 février 1963, Rev. crit. dr. internat. pr. 1963, p. 559, note G. H. けれども或る評釈者 (Jambu-Merlin, note préc) は，本件では外国で創設された事態（婚姻）にフランスで効果（扶養義務）を生ぜしめることが問題となっていない，と考える．より正確には，フランスにおける，新たな権利たる扶養の権利の誕生が

問題となっている，というのである．しかし破毀院は，フランスにおいて与えられる扶養の問題を外国で挙行された婚姻の効果として分析する方を選んだ．

　公序の不介入という同じ方向において，*Trib. gr. inst. Seine 16 oct. 1967, Clunet 1979, p. 406, note Ph. K.* もみよ．

36) 実行の困難さの一例については，*Toulouse 22 mars 1982, J.C.P. 1984, Ⅱ, 20185, note F. Boulanger.*
37) *Cass. civ. 1, 3 janvier 1980, Rev. crit. dr. internat. pr. 1980, p. 331, note H. Batiffol.*
38) その解決はベルギーの裁判所によって採用された（*Liège 23 avril 1970, Rev. crit. dr. internat. 1975, p. 54, note Graulich.* 当該判決は『私的衡平の特殊な考慮』を援用した）のであり，そしてフランスでも難なく見出されうるであろう．フランスでは純然たる国内的関係において正妻及び——一定の条件のもとで——内縁の妻は損害賠償の権利を有するからである．
39) 他の例が引用されうるであろう．かくして，原則として，恩給は妻二人の間で平等に分けられる．*Cass. civ. 1er 22 avril 1986, Rev. crit. dr. internat. pr. 1987, p. 374, note P. Courbe.*
40) *Cass. soc. 1er mars 1973, Rev. crit. dr. internat. pr. 1975, p. 54, note Graulich. — 8 mars 1990, Rev. crit. dr. internat. pr. 1991, p. 694, note Déprez.* けれども，公序という言葉が裁判所によって使用されなかったことが，指摘されるべきである．更に，疾病保険の利益は必ずしも第一の妻に与えられるのではない．それは最初に権利を請求した妻に認められるか（第一の判決），又は他の妻が外国に戻ってしまったときに夫の側でフランスに居住している妻に認められる（第二の判決）．それ故に破毀院にとって重要なのは，第一の妻であれ，他の妻であれ，ただ妻一人にのみ権利を割り当てることである．そのような方法は，ここで関係するのは公序の通常のメカニズムではない，ということを示す．ある著述家が指摘したように，公序が介入するのは，それは良俗から生ずるものではなく，公共財政を保護するための『経営者の公序』なのである（*Déprez, note préc.*）．
41) *Déprez, note préc., p. 703.*
42) *Jugement du 31 mars 1965, Clunet 1966, p. 97, note A. P.*
43) *Trib. gr. inst. Seine 12 nov. 1965, Rev. crit. dr. internat. pr. 1966, p. 624 note Ducroux.* その事件では離婚はフランス法によって支配されていた．— *Paris 23 février 1987, D. 1987, somm. comm. p. 348, observ. B. Audit.* そのケースでは，モロッコ法が離婚について準拠法であったが，公序によって排除されたのであり，そのことは，第一の妻に離婚を請求することを許した．— *Trib. gr. inst. Orléans 17 mai 1984, Rev. crit. dr. internat. pr. 1986, p. 307, note F. Moneger.*
44) *note A. P., Clunet 1966, p. 97.*
45) この考えの延長線上において，1980年7月11日のコンセイユ・デタの決定

(*Rev. crit. dr internat. pr. 1981, p. 659, note Bischoff*) が想起されるべきである．それは，第一の妻とフランスで生活している夫に，第二の妻を呼び寄せる権利を認めた．これに対して行政はこのタイプの家族再編成を拒絶し，その際に，それによると家族再編成の権利が『公序から引き出される考慮』のために拒絶されるところの条文を援用していた．コンセイユ・デタはこの論拠を退けたのである．けれども，その判例は1993年8月24日の法律により打破された．その30条は，第一の妻とフランスで居住している多妻の夫に，第二の妻のための家族再編成の特権を拒絶するのである．この規定に対して，それが『正常な家族生活を送る権利』を無視したという理由で，訴えが提起された．しかし，憲法院は，次の理由で，この法律が憲法に適合していると言い渡した．つまり，『正常な家族生活の条件は受入国たるフランスで支配するそれであり，フランスは一夫多妻婚を排除している．したがって，一夫多妻婚の家族再編成に対して法律によってもたらされた制限及びそれに付加された制裁は，憲法に反しない』(*Décision du 13 août 1993, Rev. crit. dr. internat. pr. 1993, p. 597 et spécial. p. 606*).

46) *Trib. gr. inst. Orléans 17 mai 1984, Rev. crit. dr. internat. pr. 1986, p.307 note F. Moneger.* 裁判所は，モロッコ法を準拠法とするフランス=モロッコ条約の働きを除去したのである．

47) 例えば，*Trib. civ. Seine 26 oct.. 1959, Rev. crit. dr. internat. pr. 1960, p. 354, note Y. Loussouarn. — Paris 18 déc. 1973, Rev. crit. dr. internat. pr. 1975, p. 243, note J. F.*

48) *Cass. civ. 1, 20 juin 1978, Rev. crit. dr. internat. pr. 1981, p. 89.*

49) *I. Fadlallah, Rev. crit. dr. internat. pr. 1981, p. 17.*

50) 例えば，*Trib. gr. inst. Paris 5 déc. 1979, Rev. crit. dr. internat. pr. 1981, p. 88.* それは，すべての婚姻関係を終了させることを宣言した夫婦の任意出頭を考慮する．けれども，この事件においては，公序は，妻が婚姻から生じた子供に対する監護権をすべて放棄した旨を規定する証書の条項の適用に，反対した．

51) *Cass. civ. 1, 18 déc. 1979, Rev. crit. dr. internat. pr. 1981, p. 88.* この解決は批判された．というのは，破毀院によって述べられた場合は妻が一方的離婚に反対して勝利を収めうることを前提としているが，妻はそうすることができないからである (*B. Audit, Droit internat. privé, 1997, n° 668*). 破毀院が後にその立場を放棄したのは，おそらくその立場が非現実主義的であったからである．

この判決と同じ方向において，*Trib. gr. inst. Paris 27 sept. 1990, Rev. crit. dr. internat. pr. 1992, p. 91. note Y. Lequette.* それは，妻は『明らかにその権利の十分な保証を享受した』と指摘する．

52) *Cass. civ. 1, 3 nov. 1983, Rev. crit. dr. internat. pr. 1984, p. 325, note I. Fadlallah.* 同じ方向において，*Paris 15 mars 1990, D. 1990, somm. p. 263, note B. Audit.*

Rohbi 判決はまた，一方的離婚の取消可能な性質はそれ自体では公序に反しない

と判断し，それによって以前に裁判所が採用していた解決（Cass. civ. 1, 20 juin 1978, Rev. crit. dr. internat. pr. 1981, p. 88）を放棄した．

53) また，一方的離婚の大幅に開かれた承認の方向において，Versailles 18 avril 1984, D. 1986, p. 84, note F. Moneger をみよ．
54) Cass. civ. 1, 1er juin 1994, Rev. crit. dr. internat. pr. 1995, p. 105, note J. Déprez. —31 janvier 1995, Rev. crit. dr. internat. pr. 1995, p. 569, note J. Déprez. —11 mars 1997, Clunet 1998, p. 110, note Ph. Kahn.
55) Convention du 5 oct.. 1957, art. 16, b, et du 10 août 1981, art. 13, al. 1er.
56) より正確には，最初の二つの事件においては，一方的離婚が妻の欠席のままに宣告され，そして三番目の判決においては，破毀院は事実承審官が召還及び代理という法的要求が遵守されていたかどうかを調査しなかったと非難した．
57) 公序の介入の起爆剤としての，夫婦間の平等の原則の増大していく重要性については，Cass. civ. 1, 24 février 1998, D. 1998, Inf. rap. p. 79 をみよ．それは，その旧法定夫婦財産制が夫に妻よりも広い権利を付与していたところのスイス法を，排除している．
58) Grands arrêts de la jurisprudence française de dr. internat. pr., 1998, p. 243.
59) それについては，P. Lagarde, « La théorie de l'ordre public international face à la polygamie et la répudiation », Mél. Rigaux, 1993, p. 262 et s.
60) 前記 注19）と27）をみよ．
61) Cass. civ. 1., juillet 1988, Rev. crit. dr. internat. pr. 1989, p. 71, note Y. Lequette.
62) 更に，この第一の妻は，望んでいなかったのに一夫多妻婚に巻き込まれることになったのである（Y. Lequette, note préc.）．
63) Cass. civ. 22 avril 1986. 注39）をみよ．
64) Cass. civ. 1, 10 février 1993, Rev. crit. dr. internat. pr. 1993, p. 620, note J. Foyer.

家族の権利についての日仏比較

1 憲法上の規定

　現行のフランス1958年第5共和制憲法においては，その前文で1789年人権宣言と1946年第4共和制憲法前文の人権規定についての適用を認めているが，さらに第4共和制憲法前文では，1789年人権宣言とともに共和国の諸法律によって承認された基本的諸原理の適用も認めている．憲法院における法律の合憲性審査の発達によって，これらは憲法ブロックとして審査の根拠を形成している．

　家族についての規定としては，第4共和制憲法前文の中に次のような規定がある．

　「国は，個人および家族に対して，それらの発展に必要な条件を確保する．

　国は，すべての人に対して，とりわけ子ども，母親，及び高齢の労働者に対して，健康の保護，物質的な保障，休息及び余暇を保障する．その年齢，肉体的または精神的状態，経済的状態のために労働しえなくなった人はすべて，生存にふさわしい手段を公共体から受け取る権利をもつ．」

　しかし，共和国の諸法律によって承認された基本的諸原理を考慮しなければならないのなら，これまでの各共和制においてどのような法律が家族について制定され，そこからどのようなことを基本的諸原理として抽出できるかを考えなければならない．

　日本国憲法においては，24条が家族生活における個人の尊厳と両性の平等を定める．

　第24条1項　婚姻は，両性の合意のみに基いて成立し，夫婦が同等の権利

を有することを基本として,相互の協力により,維持されなければならない.

2項　配偶者の選択,財産権,相続,住居の選定,離婚並びに婚姻及び家族に関するその他の事項に関しては,法律は,個人の尊厳と両性の本質的平等に立脚して,制定されなければならない.

これはまた,13条の個人の尊重と,14条の法の下の平等の中の性別における差別の禁止を家族関係においても適用するものである.そもそもは,1946年2月26日の臨時閣議に配付された総司令部の草案においては次のようであった.

第23条　家族ハ人類社会ノ基底ニシテ其ノ伝統ハ善カレ悪シカレ国民ニ浸透ス婚姻ハ男女両性ノ法律上及社会上ノ争フ可カラサル平等ノ上ニ存シ両親ノ強要ノ代リニ相互同意ノ上ニ基礎ツケラレ且男性支配ノ代リニ協力ニ依リ維持セラルヘシ此等ノ原則ニ反スル諸法律は廃止セラレ配偶ノ選択,財産権,相続,住所ノ選定,離婚並ニ婚姻及家族ニ関スル其ノ他ノ事項ヲ個人ノ威厳及両性ノ本質的平等ニ立脚スル他ノ法律ヲ以テ之ニ代フヘシ

（憲資・総38号51頁）

これが1946年6月20日帝国議会へ提出されたときには既に今日のような形になっていた.

総司令部の草案を起草したベアテ・シロタ・ゴードンは,当時の日本女性の地位や日本の文化,社会慣習などを考慮して草案を作ったという.彼女はとりわけ,①合衆国憲法には女性の権利を保護する条文が存在せず,アメリカ女性は法的不利益を被っていること,②日本の男性中心の官僚制度と社会の中では,憲法で規定しておかないかぎり,女性解放を実現するための法的規制は非常に困難であることなどを考えて,明確に具体的に書くよう努めたという[1].

24条では,彼女がとりあげていた国家の保障や責任,非嫡出子と嫡出子の平等な権利の保障,養子縁組についての家族の平等,長子の特権の廃止の規定は採用されず,26条で,教育を受ける権利,教育の義務,義務教育の無償について定められた.日本の憲法制定に携わった男性ばかりのメンバーは,当時大日

本帝国憲法下の意識しかなく，憲法草案を審議していた芦田小委員会の議事録には，「『本質的平等』というのは，差別ある平等という意味です」という発言も見られる[2]．いずれにしても家族制度の大変革は，日本側にとっては家族制度と天皇制が密接な関係にある以上，日本の国体を破壊するものではないか，という危惧をもたらした．総司令部の狙いも実はそこにあったのであろうから，家族の保護，尊重ということばは，従来の家族制度の保護すなわち私生活における国体の保護を示す危険があり入らなかった．すなわち家族の社会的意義や，家族の権利が社会権に結びつくというとらえ方は当時の日本にはなかったといえる．

　こうした制定過程における認識の不十分性からも理解できるように，夫婦の同等の権利，個人の尊厳，両性の平等を徹底的にうちたてるものとはならなかった．家族制度，親権，夫権は廃止され，妻の地位は向上したが，「家破れて氏あり」(宮沢俊義・法律タイムズ7号25頁) という形になり，戸籍は存続された．また1947年，民法の親権編と相続編の全面改正は成立したが (昭和22年法律222号)，婚姻適齢の男女差 (民731条—男満18歳，女満16歳)，女性のみに対する再婚禁止期間 (民733条—前婚の解消又は取消の日から6箇月)，嫡出子・非嫡出子の相続上の差別 (民900条4号—非嫡出子の相続分は嫡出子の相続分の2分の1) などを含むものであった．

2　解　　釈

　フランス第4共和制憲法前文10項，11項は次のように解釈されている．

　第1に10項は，「『個人及び家族の発展への権利』を宣言している，というのも国家が諸条件を保障しなければならない．」こうした表現は，具体的な法規範を生じさせることを不可能とするような一般性を有している．この条文の受益者は，1人で生きている諸個人と，家族と生きている諸個人の双方である．合法的な家族だけにこの条文の適用を限定をしようとすることは禁じられてい

る．そのことは憲法制定議会での委員会で修正が拒否されたことからもわかる．この権利の保障は，発展の諸条件の保障である．その中身は住居，緑の空間（自然環境），文化，スポーツに関する施設のみならず，静穏，衛生なども含むと理解できる．10項はそのあとに続く何項か（実際は3項）の一般的な規定としての意味をもっている[3]．

第2に11項は，物質的保障への権利についても言及している．保障への権利は，個人の国家の専制に対抗する法的保護を意味するのに限られず，共同体に対する要求という意味ももつ．共同体は，すべての人に対して，「とりわけ子ども，母親，及び高齢の労働者に対して健康の保護，物質的な保障，休息及び余暇を保障する．」すべての社会政策というものはこのようにして表明されている．憲法的価値を有する原理の中に，健康の保護や子どもの保護を位置づけながら，憲法院は，1975年1月15日判決の中で，妊娠中絶を認める法律はこうした保障を認識しないものではないと判示した．他方で，年齢を理由としてある種のカテゴリーの病人の看護を拒否するような決定は憲法の趣旨に反しているといえよう．

この条文はまたすべてのフランス人に対する社会保障の普及も想定している．こうした保障は経済的理由から失業者にも及び，同様に高齢であることや身体的もしくは精神的状況を理由として働くことのできない者にも及んでいる．彼らは共同体から生存にふさわしい手段をえる権利を有している．

この保障はまた12項により，全国的な災禍から生じた負担の前の連帯への権利も含むものである．

最後に個人と家族の発展の権利は教育を前提とする．前文は，教育へのアクセスを保障するものではないが13項により「子ども及び成人の教育，職業養成及び教養への平等なアクセス」を保障している[4]．

憲法院では10項を外国人の追放に関して適用している．そこではフランスにおける外国人の入国と滞在の条件に関して，追放された外国人であるフランス人の配偶者は，その身体と家族の発展に必要な諸条件を奪われたとしたが，家族の諸権利は公共利益の要請と調整され，家族の権利を確定する諸条件を判

断するのは立法府に属することも強調している[5]．

同様に生命倫理に関しても議会に判断が委ねられているが，「人類の遺伝形質の保護を認める憲法的価値を有するいかなる規定，いかなる原理も…また1946年憲法前文の規定も，家族の発展の諸条件が，法律によって規定された諸条件において，生殖体や胎児の寄贈により確保されることに対して妨げとなるものではない」と判示している[6]．

11項の規定からは，憲法院により患者による医師の自由な選択，身体の完全性の保護，健康の保護の尊重から他の基本的権利にもたらされる限界，健康の保護の原理を整備するための管轄官庁，社会的給付の平等などが論じられてきた[7]．

憲法66条の個人的自由については，ファヴォルーは次のようにいう．

「この領域において，共和国の諸法律によって承認された基本的諸原理へ依拠することは決定的に放棄されたので，憲法院にとっては，個人的自由の保護は，憲法66条と人権宣言1条，2条，4条とから由来すると考えられる．

個人的自由の基礎の問題がもはや困難を生じないとしても，憲法判例はいまだ不明確なままである個人的自由の概念に関する十分な解答をもたらしてはいない．」[8]

さらにファヴォルーは，個人的自由が複数で扱われたときは，基本的自由や権利の総体あるいは，結社の自由や集会の自由のような団体に関わる自由とは対立する個人に結びつく，公的自由という風に解釈できるとしている．かくしてそこには，思想の自由，人間の尊厳の尊重の権利，宗教の自由が含まれる．単数の場合には，自由の限定されたものを扱う．しかしここに何が含まれるか正確に決定することは難しく，制限的な意味を重要視する解釈と外括的なアプローチを正当化する解釈との二つに分かれる．前者は安全への権利に集約される考え方で，後者は基本的自由への関連が欠けているような，憲法上必ずしも認められていない自由全体を示すとする比較的新しい考え方である．後者によると恣意的な権力による拘束の禁止をさすばかりでなく，往来の自由，私的生活の尊重の権利，住居の不可侵，通信の不可侵，結婚の自由が含まれる．後者

が通説だという[9]．

かくして，66条の単数で示す個人的自由が結婚の自由，離婚の自由をさすことになる．というのも1946年第4共和制憲法前文10項，11項の権利は社会権として定められているからだ．

これに対し日本国憲法24条の規定のまず性格については，少なくとも，「家」制度の脱却を目途している点で24条1項は婚姻の自由を示すという解釈では一致しているといえる[10]．しかしながら2項は，立法府の具体的な指針と責任を示している．したがって24条全体がどのような性格を有する条文であるかは明確ではない．この条文についての解説は，権利を自由権，社会権としてカテゴリー分けするときは応々にして抜けおちてしまう．しかも，婚姻の自由は私生活上の権利であり，対公権力との関係が薄い分この保障に対する関心は低いといえよう．

また24条が個別的，具体的な人権の保障規定としての意味をもつかについては，否定的な見解が少なくなかった[11]．

24条が具体性を有する規定として脚光を浴びるようになるのは，日本が女性差別撤廃条約を署名・批准してからである．

1979年に国連で採択された女性差別撤廃条約は，四つの特色を持っているといえる．①男女の違いを妊娠・出産にしか認めない．伝統的・固定的な役割分担の廃止が男女平等の確立に不可欠と認識している．②差別的な法律のみならず，規則，慣習および慣行の廃止も求めている．③締約国の差別撤廃への義務を明記し，効果を求めている．④男女の事実上の平等を促進することを目的とする暫定的措置，すなわちアファーマティブ・アクションを認めている．またこの条約の16条において婚姻・家族関係における差別撤廃に関する規定を置いている．

この条約に沿う形で日本では国内法の整備が進められ，国籍法の改正，男女雇用機会均等法の制定，育児休業法の制定などが行なわれ，家庭科の男女共修も指示された．男女雇用機会均等法は10年後の見直しを機に女性労働者に対する保護を撤廃し，より実質的平等を目ざすようになった．育児休業法も育

児・介護休業法となって男性の家族責任をより明らかにしている．また民法の全面改正の際に不十分であった部分も現在，改正が検討されている．既に法制審議会民法部会は「民法の一部を改正する法律要綱案」を決定，答申している（1996年2月）．というのも，この条約によれば，合理性の認められる範囲が狭く，長い間，男女の生理的条件に基づくと説明されてきた婚姻適齢の男女差（民731）等も平等に反すると判断されるからである．また条約では男女平等が私人間にも及ぼされることが明示されている．これまで実際においては合意が常に優先するとされていたことが通用しなくなった．

　男女平等をめざす条約の署名・批准を通して家族関係における個人の尊重や平等の問題が点検されるようになったのは偏に憲法24条の意義といえよう．現在では，家庭内暴力や児童虐待の問題もとりあげられるようになっている．

　24条の個別的・具体的な権利保障としての意義は，こうした国際的な潮流をうけたばかりでなく，家庭の変容にも対応している．24条の認める家庭に関する個人主義・自由主義の徹底は，家族形態の多様化を認めることにつながる．日本においても離婚・再婚・単親家庭などの増加がみられる．離婚の自由を含むライフスタイルの多様性に対する権利は，24条及び13条に依拠することになる．

　24条では婚姻を「両性の合意のみに」基づくとしているので，24条からは同性同士の結婚を認める余地はない．他方で13条は多様なライフスタイルを個人主義と幸福追求権によって認めている．13条の個人の尊重すなわち個人主義と幸福追求権は，フランスにおける個人的自由に対応するものと考えられる．

　日本においては24条1項が婚姻の自由を認めているが，このことは婚姻しない自由も認め，さらに離婚の自由も認めることになる．そこでは法律婚のみが基準であることを意味しない．互いの合意によって婚姻しないことも選びうるからである．2項は，このような自由主義を前提に個人主義と平等原則に則った法律の制定を要請している．ここでは，個人の選択による多様なライフスタイルを想定した法律における保障が望まれるのである．

家族というのは、個人的なつながりを示す反面、社会の基本単位でもあり、経済的な側面も、また次世代を育てるという生産的な側面も持っている。この意味で公的・社会的な存在でもある。その家族形態はさまざまであるが、そうした家族の保護という点もいっそう現代においては必要となってきた。個人間で解決できない部分を国家が保障し、保護する必要が生じているのである。

例えば、日本では最も簡単な協議離婚制度を認めており、年々その数も増えている。しかし別れた父親にも扶養義務はあり、子どもが成人するまで養育費を分担すべきであるにもかかわらず、養育費を負担する父親はわずかである。フランスでは、協議離婚の場合であっても裁判官の承認が必要であるが、さらに訪問権および宿泊させる権利を明示し、養育費の公的取立ての制度もある[12]。

日本では家族の保護という観点が不明確であることにより家族に対する公的保障についての認識は低いといえよう。また24条における保障と25条における保障の違いも問題となろう。しかし現代においては、ますます自立と自己決定に基づいた家族形成がなされ、その間隙を補完する形で国家の役割が増してきている。

3 判　　例

24条に関わる判例として、次のようなものがある。

女性従業員が結婚した際、一律に退職することを要するとの慣行は、労働条件につき性別による合理性のない差別待遇であり、女性従業員の結婚の自由を合理的な理由がなく制約するもので、憲法14条・13条・24条の精神並びに民法90条に違反し無効である、と判示したものがある（名古屋地判昭45・8・26 労民集21巻4号1205頁 判時613号91頁）。

国籍の取得につき父系優先血統主義をとる(旧)国籍法2条1号ないし3号の規定は、父母の性別による差別を設けるものではあるが、重国籍防止のための必要かつ有用な制度であり、補完的な簡易帰化制度を伴う限り不合理な差別と

は言えず，憲法13条・14条・24条2項の規定に違反しない，としたものがある（東京地判昭56・3・30行裁例集32巻3号469頁 判時996号23頁）．

この場合は，家族の中の個人の尊厳，両性の平等に立脚した法律かどうかが問われている．次の場合も同様である．

氏の変更を望まないため婚姻届を提出しないで婚姻生活を営んでいる夫婦の子の住民票の世帯主との続柄欄に，嫡出子の場合と異なり，単に「子」とする記載がなされていることは，憲法13条・14条・24条に違反しない，としている（東京地判平3・5・23行裁例集42巻5号688頁 判時1382号3頁）．

また，東京高裁は，非嫡出子の相続分を嫡出子の相続分の2分の1と定めた民法900条4号ただし書き前段について，法定相続分の割合をいかに定めるかはその国の立法政策の問題だとしていた（東京高決平3・3・29判タ764号133頁）．この上告審において，最高裁は，法律婚主義は憲法24条に違反するものではなく，民法900条4号ただし書きは，法律婚の尊重と非嫡出子の保護の調整をはかったもので合理的根拠があり憲法14条1項に違反しない，と判示した．これには5人の裁判官による反対意見も付され，その中では「憲法24条2項が相続において個人の尊厳を立法上の原則とすることを規定する趣旨と相いれない．……出生に何の責任も負わない非嫡出子をそのことを理由に法律上差別することは，婚姻の尊重・保護という立法目的の枠を超えるものであり，立法目的と手段との実質的関連性は認められず合理的であるということはできない」とされている（最大決平7・7・5民集49巻7号1789頁 判タ885号83頁）．

非嫡出子の差別については1994年7月の「民法改正要綱試案」には当初予定されていなかったが民法改正法律要綱案には盛り込まれている．

このように日本では判例上24条から，家族の中での個人の尊厳の確保，両性の平等については導き出してはいるが，家族の権利というものは扱ってはいない．家族のあり方を問題とし，国家に対して家族全体の権利を主張するということはしていない．

そこで例えば，次のような場合に通常の家族生活を営む権利や家族再結集の権利として用いることができるかどうかが問題となろう．

日本には約141万人の外国人登録者がおり（1997年末），そのうちの約40％が在日と呼ばれる人々で，さらに外国人登録をしていない約28万人の未登録外国人労働者がいるといわれている．旧植民地出身者とその子孫に対しては特別永住資格が付与されている．これらの外国人は入管法にしたがって，在留資格制度が設けられている．超過滞在と資格外活動はできず，その場合には摘発を受け，強制退去の対象となる．ただし，資格外活動の許可はあり，学生の場合，週20時間程のアルバイトはできる．また家族滞在の場合も就労できず，強制退去させられると1年間入国はできない．すなわち通常の家族生活は営めないということである．

　日本人の父から認知を受けたフィリピン国籍の子どもと，超過滞在者であるフィリピン国籍の母親がともに退去強制処分を受けた事件，ヨランダ・マリ事件においては，母親は10年にわたり日本で生活していて生活の本拠は日本であること，子どもは日本人の父親をもち，日本で生まれ育って，日本の幼稚園，公立小学校に入学していること，退去強制は，母親の日本での生活基盤を奪うのみならず，子どもの教育を受ける権利を奪い，「子どもの最善の利益」（子どもの権利条約3条）に反し，家族離散を生み出す，個人の尊厳，幸福追求権に反する，として争われたが，24条は，通常の家族生活を営む権利としては援用されてはいない．結果的にはヨランダ・マリ事件においては，裁判上の和解が成立し，法務大臣は退去強制令書の発付を取消し，「定住者」在留資格を発給している[13]．

　1990年12月国連で「すべての移住労働者及びその家族構成員の権利保護に関する国際条約」が採択された[14]．この条約は，すべての移住労働者とその家族に対して，在留資格を問わず，当然に保障しなければならない権利を規定している．労働者としての基本的権利，社会保障を平等に受ける権利，労働組合に加入する権利，親や子どもの在留が合法であれ不正規であれ，子どもの公立学校に入学する権利，在留している子どもの名前・出生・登録及び国籍に対する権利，緊急医療扶助を受ける権利等を規定している．

　日本政府は採択自体には賛成したものの，批准には反対している．また緊急

医療に関しては，日本では，非定住外国人（超過滞在者，留学生，合法労働者なども含む）には生活保護に基づく緊急医療扶助をしてはならないという厚生省の口頭指示があり，地方自治体は非定住外国人には，生活保護に基づく緊急医療扶助を適用しないことになっていた．このように外国人に対する権利の保障が不十分な中で，外国人にとって，家族の権利——通常の家族生活を営む権利や家族の再結集の権利を認めることは重要であろう[15]．

もし家族の権利が憲法上認められることになれば，日本人に対しても単身赴任の問題や男性の家族責任の問題など日本の労働のあり方自体が問われることになろう．

最後に，日本とフランスの家族の権利の大きな違いは法律婚を基本としているかどうかにあった．フランスでは既に制定過程における議論からもわかるように，法律婚を基本としてはいない．日本では 24 条が個人主義を掲げているところからライフ・スタイルの多様性も認めており，法律婚以外の形態も認めていると解される．しかし実際は，嫡出子と非嫡出子の相続上の差別においても，長い間破綻離婚をとりいれなかった点からも，またさまざまな制度や権利の保障においても法律婚を優先している．さらに家族関係においても戸籍の存在から法律婚を中心とするいわば「家族主義」「世帯主義」がとりいれられている．戸籍筆頭人はそのほとんどが一家の父親であり，批判され打ちこわされたはずの「家」制度がここに残っているのである．これらをすべて立法政策の問題とできるかどうかは疑問であろう[16]．

1985 年のナイロビ将来戦略の中で「家庭の維持者や世帯主を男性に限定するという思想を撤廃すべきである」として「世帯主というような用語を廃止し，女性の役割を適切に反映するに足る包括的な用語を導入する必要がある」ことも確認されている（同戦略 295 項）[17]．しかしながら企業の諸手当は世帯主であるかどうかを基準として出されている場合が多い．世帯主というのは一般に一家の父親，男性をさす．この世帯主ということばについては法律上定義されているわけではなく解釈，運用もさまざまである．こうした概念が一般にゆきわたっている点も家族についての個人主義や，家族の多様性，夫婦の平等が受け

いれられていないことをさすといえよう．

1) ベアテ・シロタ・ゴードン＝平岡磨紀子〔構成・文〕『1945年のクリスマス』柏書房 128 頁以下参照．
2) 『第 90 回帝国議会衆議院帝国憲法改正案委員小委員会速記録』201-202 頁
3) François LUCHAIRE et Gérard CONAC, La constitution de la république française, Economica, Paris, 2e éd., 1987, p. 95.
4) Ibid., pp. 95 et 96.
5) Thierry S. RENOUX et Michel de VILLIERS, code constitutionnel, Litec, Paris, 1994, p. 188.
6) Ibid., p. 189.
7) Ibid., pp. 191-197.
8) Louis FAVOREU et autres, Droit constitutionnel, Dallez, Paris, 2e éd., 1999, p. 825.
9) Ibid., pp. 825-827.
10) 影山日出弥「24条」『基本法コンメンタール憲法 新版』別冊法学セミナー 30 号(1977 年) 109 頁．
11) 戸松秀典「24条」『基本法コンメンタール憲法 3 版』別冊法学セミナー 78 号(1986 年) 105 頁．
12) 利谷信義他編『離婚の法社会学』東京大学出版会 1988 年 188 頁以下（原田純孝担当部分）．
13) 丹羽雅雄『外国人労働者とその家族の人権』解放出版社 1998 年 55 頁以下．
    大田季子他『戸籍・国籍と子どもの人権』明石書店 1994 年 35 頁以下（養父知美担当部分）．
14) 西村春夫「移住労働者とその家族（構成員）の権利保護に関する国際条約，作業部会報告，条約草案」比較法制研究 15 号（1992 年）75 頁以下．金東勲編『国連・移住労働者権利条約と日本』解放出版社 1992 年
15) 倉田聡「外国人の社会保障」ジュリスト 1101 号（1996 年）46 頁以下．
    また 特集・外国人の権利の各論文も参照，自由と正義47巻1月号及び5月号（1996 年）
16) 米沢広一「憲法と家族法」特集・家族の変貌と家族法の課題ジュリスト 1059 号（1995 年）8 頁参照．
17) ナイロビ将来戦略295項国際女性法研究会編『国際女性条約・資料集』東信堂 1993 年 138 頁．

なお関連する拙稿として，次のものがある．

「第 24 条家族の権利と保護」法学セミナー 2000 年 5 月号 82 頁以下．

「24 条」『基本法コンメンタール憲法 第 4 版』別冊法学セミナー 149 号（1997 年）149 頁以下．

「現代における女性の氏名権」法学新報 100 巻 3・4 号（1994 年）87 頁以下．

「憲法から見た『家族』」比較法雑誌 27 巻 2 号（1993 年）1 頁以下．

家族をめぐる私法的諸課題

生存配偶者
——その相続法制上の処遇に関する比較法的考察——

序　論

　相続法における生存配偶者に対して定められた境遇についての問いかけと考察は，ここ数年来，実務家の間においても，また非専門家の間でも，続いています．この問題は，相続制度改革法案の中心テーマとなっており，法案は、産みの苦しみを味わっているように思われます．やはり依然として，この問題は重要です．配偶者との死に別れは，異例な事態ではないからです．フランスでは，4世帯に一つにあたる400万人近くの人々が，やもめ暮らしの状態にあり，これは人口の7％に相当します．改革の方向を決定するために，男性の高死亡率が主たる原因となって生存配偶者と言ってもその83％が女性であるという点を確認しておくことは，意味のないことではありません．

　もちろん，社会立法が生存配偶者に無関心である，というわけではありません．すなわち，（一般的社会保障制度の一環としての）死亡一時金，一般的「老齢保険」制度の切替年金〔pension de réversion〕，生存配偶者保険，受給していた配偶者の死後1年間又は扶養義務の対象である末子が3歳になるまでの間の健康保険が存在します．

　しかし，そうは言いましても，多くのものは，「夫婦間の配慮」とも呼ぶことができる任意的行為です．すなわち，夫婦財産契約の中での先取権条項，とりわけ夫婦財産契約継続中における，共通財産の生存配偶者への完全付与条項を伴う包括的共通財産制の採用，生命保険，夫婦間贈与（夫婦間で特別の処分可能分を利用することになります．）です．

　1804年以来，改正はされてきたものの，無遺言相続の場合における生存配偶者の相続権は，制限されています．フランスにおけるその権利は，ヨーロッパ

のすべての国々のうちで最も狭いのです．最もよく起こる状況として，卑属が存在する以上，配偶者は，被相続人の財産の4分の1を用益権としてもつだけなのです．同じように，二つの家系における尊属，又は特権傍系親〔兄弟姉妹〕が存在すれば，配偶者は，完全所有権を奪われ，そしてさらに，配偶者の用益権は，相続財産の2分の1に制限されるのです．〔相続人は，〕配偶者の用益権の定期金への転換を，配偶者に対して強制することができるのです〔民法767条5項〕．従って，配偶者の完全所有権は，その置かれた状況により制限されます．すなわち，一方の家系に尊属が存在するときは，完全な所有権の2分の1となり，父系も母系も欠けているか又は単に通常の傍系がいるにすぎないときは，完全な所有権の全部となるのです．我が国の現行法では，生存配偶者には，必ずしもすべての場合において，その人のものである生活環境を，たとえ用益権だけでも，自由に使用し続けることができる保証があるというわけではないのです．事態がどうであれ，生存配偶者は遺留分権利者ではないことを付け加えておきましょう．被相続人が配偶者とは別の誰かを包括受遺者として指定するだけでもう，配偶者の相続権は奪われるのです．

　こうした法制は，死亡年齢がもっと若くて，死者が，生存配偶者の再婚によってもしかしたら受けうる害悪から保護するのが望ましい幼児を残す可能性があるような時代には，理解できるものであったかもしれません．しかし，今日の我々の時代では，事態は異なります．死亡年齢が高くなり，多くの場合，遺留分権利者が個人的資産を持った成年者であるのに対し，生存配偶者は，一般的に高齢の女性であり，僅かな収入しか得ていないことがしばしばなのです．確かに，〔生存配偶者に〕財産を完全な所有権として与えることは，嫡出血族から財産を奪うという危険をおかすことです．これこそが，ナポレオン法典起草者をして，生存配偶者を「相続法上のfamille〔嫡出血族〕」から排除せしめた伝統的理由だったのです（配偶者は，血の共同体に基づいた家系の一部をなさない．）．しかし，「安定的でなくなった家族において，財産保存への配慮が凋落しており，しかも，経済の発達に伴い実際に同一の財産が問題となることはもはやないだけに，この凋落傾向には著しいものがあります」．かつては，不動産，と

りわけ家族の所有地の保存を気にかけることは自然なことでした．今では，動産や流動資産の保存にすら心を配ることは自然なことではないのです．それどころか，工業社会後の時代の勤労家族においては，保存すべきものがあるでしょうか．こうした家族は，夫婦のサラリーで生活しており，資産があるとしても，それは被相続人自身が手に入れた資産であって，相続によって取得した資産ではない場合が，従来よりも多いのです．「人は，直系又は傍系の卑属に，先祖から受け取らなかったものを渡す義務はないのです．」

　こうした社会学的及び経済的要因に，文化的要因がつけ加わります．すなわち，一つの核を中心とする・家族の心理的絆の強化，（共働きを理由とする）婚姻概念の変化，といった要因です．現代のカップルにおける役割の平等化は，共通夫婦財産制によって生存配偶者に権利が与えられる後得財産の半分に対してのみならず，いくつかの国で認められているように被相続人の相続財産に対しても，生存配偶者の優位を正当化するのです．

　法比較を行うことで，生存配偶者の相続法制上の処遇には，次の二つの特徴があることが明らかとなります．

　　――第一に，無遺言相続の場合における，生存配偶者の権利の拡充
　　――第二に，こうした権利の強化

第1部　無遺言相続の場合における，生存配偶者の権利の拡充

　諸外国の法制は，さまざまな方式を認めています．ある国々は，単一方式であり，またある国々では，混合方式となっています．

A　単一方式

　第一に，生存配偶者は用益権を受け取り，完全な所有権は受け取らない方式

があります．このモデルを採用している国は，ほとんどありません．これは，スペインで見られる方式です．

——生存配偶者が，卑属と共に相続人となるときは，生存配偶者には，用益権として相続財産の3分の1〔スペイン民法834条〕

——生存配偶者が，尊属と共に相続人となるときは，生存配偶者には，用益権として相続財産の2分の1〔同837条1項〕

——尊属も卑属も存在しないときは，生存配偶者には，用益権として相続財産の3分の2〔同838条〕

次に，生存配偶者が完全な所有権を受け取り，用益権は受け取らない方式があります．たいていの国々はこの方式であり，ドイツはこれを採用しています．

——卑属（第一親系）が存在するときは，完全な所有権の4分の1

——特権尊属〔父母〕及び特権傍系親〔兄弟姉妹〕（第二親系〔ドイツ民法1925条1項〕）並びに通常の尊属〔祖父母〕が存在するときは，2分の1〔以上，同1931条1項〕

——それ以外の場合は，全部〔同1931条2項〕

こうした相続分は，以下のものと組み合わされます．

——(1) 家政に属する物及び結婚祝いに関する先取分〔同1932条〕

——(2) 夫婦財産制の解消が引き起こす債権〔同1931条4項〕

ドイツ民法典はまさに，日本，オーストリア，イタリア，ギリシアそしてポルトガルといった多くの国々の法典編纂にかなりの影響を与えました．オランダにおいて，生存配偶者が特に有利な処遇を受けていることは，注目に値します．包括的共通財産制が，法定の制度なのです．これは，相続法制上，相続人のうち第一順位に入る嫡出子になぞらえます．生存配偶者の相続分は，子が一人だけであれば相続財産の2分の1，子が二人いれば相続財産の3分の1，子が三人以上存在する場合には相続財産の4分の1となります．

フランス民法典改正委員会は，1950年に，子又は卑属が存在するときは，生存配偶者の完全所有権としての相続分が，最も少ないときでも相続財産の4分の1より少なくなることがないように，嫡出子の相続分に応じて定めることを提案しました．この方式の結果はこうです．この提案によれば，生存配偶者は，次の割合分に対する権利を有するのです．

　——子が一人存在するときは，相続財産の2分の1
　——子が二人存在するときは，相続財産の3分の1
　——子が三人以上存在するときは，相続財産の4分の1

　卑属が存在しなければ，相続財産は，父母のそれぞれに完全な所有権の4分の1が，配偶者にはその残り（両親がいずれも存在すれば相続財産の2分の1，二人のうち一方しか存在しなければ4分の3）が帰属します．生存配偶者は，その他の親族すべてに，つまり，特権傍系親〔兄弟姉妹〕，通常の尊属〔祖父母〕及び通常の傍系すべてに優先していたのです．もっといえば，この委員会は，血縁親族を犠牲にして血族の財産が他者に移転されることは致し方ないとして，生存配偶者のために，「しばしば見せかけの権利となっていた」（理由書）相続による用益権をすべて廃止することを要求していました．従って，ここで提案されていたのは，完全な所有権のみを与えるという単一方式だったのです．相続制度改革法案の現在の草案はと言えば，混合方式を採り入れています．

B　混合方式

　この方式は，用益権と完全な所有権とを選択又は重畳によって組み合わせる方式です．このような二つのテクニックは，フランス法においては既に，卑属が存在するときの夫婦間の処分可能分に関する民法1094条の1に存在します．
　外国法としては，ベルギーの1981年5月14日付法律〔Loi modifiant les droits successoraux du conjoint survivant〕を挙げておきます．これは，生存配偶者の相続権を著しく拡張したものです．生存配偶者は，相続財産すべてについて用益権

を有し，ある程度の妥協付きで卑属を虚有権者に格下げしています（一部の卑属のための扶養義務の拡大，複雑な方法による用益権の転換）．卑属でない相続人と共同相続するときは，生存配偶者は，共通財産の中の〔配偶者間の〕先死者の持分の完全な所有権と死者固有の財産の用益権を受け継ぎます．ベルギー法はここで，配偶者が用益権を取得することになる・死者の固有財産と，配偶者が完全な所有権をもつことになる後得財産との区別を活用しています．つまり，夫婦財産の清算と相続による清算という二つの清算を組み合わせることで，生存配偶者は，すべての後得財産の完全な所有権を受け取ることが可能となり，おまけに，死者の固有財産の用益権を受け取ることも可能になるのです．

フランスでは，民法典の現行1094条の1から着想を得なかったというわけではないでしょうが，1991年12月30日に公表された法律案2530号は，生存配偶者のために次のような方式を推奨しています．

——卑属が存在するときは，用益権として全部，又は，完全な所有権として，存在する財産の4分の1

——死者の尊属又は兄弟姉妹が存在するときは，用益権として全部，又は，完全な所有権として，死亡の際に存在していた財産の2分の1

——それ以外の場合には，完全な所有権として相続財産の全部

私は，夫婦間贈与は依然として，完全な所有権と用益権とを重ねることで（民法1094条の1による割合分の一つとして，完全な所有権として4分の1，用益権として4分の3というのがあります．）生存配偶者の要望をまかなうために必要である，ということを指摘しておきます．

この法律案によって採り入れられた・用益権と完全な所有権との間の選択は，生存配偶者の包括用益権——これは，血族の財産を逸出させることなく生存配偶者の現在の相続権を増加させます——に好意的な公証人団体への照会と，完全所有権を生存配偶者に認めるという・諸外国において支配的な傾向を，同時に考慮しているようです．多くの外国法はまた，生存配偶者に遺留分を認めてもいるのです．

第2部　無遺言相続の場合における，生存配偶者の権利の強化

　被相続人は，生存者中，配偶者を相続から排除することができます．死者の生涯を通じて最も身近な協働者であった配偶者に，そしてもう長いこと非直系相続人という二次的カテゴリーに属していない配偶者に，遺留分を認めるべきでしょうか．先ほど触れた法律案は，別の方向に向かいました．生活の維持という方向です．

A　遺留分

　フランス公証人団体は，これに反対しています．つまり，遺留分というものは，家系を守る（毎度もち出される伝統に従えば，血族の中での遺産の維持を確実にする）ことに適しているのであって，所帯を守ることには適さない，というのです．生存配偶者に遺留分を与えてここで対象となっている財産を保持させるのは，再婚した場合，ナンセンスとなるでしょう．しかしながら，生存配偶者に完全所有権を与えるために1957年から用いられている・父母両系による等分分割相続〔fente〕という歴史的間違いともいえる先例が存在するのです．他方で，第二配偶者のことはさておくとして，被相続人の先代の相続財産のうち被相続人が受け取った分を受け取る・最初の婚姻による子供達の利益となるように，法定復帰権〔droit de retour〕を改正しないのは，なぜなのでしょうか．

　遺留分は，その個々の機能の点で，相続人（遺留分権利者）間の最低限の平等を保証しています．確かに生存配偶者は，あらゆる同等比較に逆らう・他に類のない相続権者です．なぜなら，生存配偶者の場合には先ず，本来的に被相続人を相続人の中の他の誰とも結びつけることのない夫婦財産制を考慮に入れなければならないからです．

それにも拘わらず，多くの外国法は，生存配偶者に遺留分を与えています．スペイン及びベルギーにおいては，用益権に対する遺留分が，ドイツ，イタリア，スイス，ギリシア及びポルトガルにおいては，完全な所有権に対する遺留分が〔認められています〕．ドイツでは，あらゆる遺留分権利者（生存配偶者含む．）のために，無遺言相続の場合における相続分の2分の1に相当する価値の遺留分が，ときとして問題となります．こうした遺留分権利者の債権は，相続財産そのものには及びません．これは，価値という点での遺留分の長所であり，生存配偶者は，用益権を取得するということはなく，相続人と競合する地位に置かれません．この制度は，価値遺留分それだけであり，主たる住居及びそれに付属した家具類を使用し続けることができない点が欠点です．そのうえ，相続財産が動産をほとんど含んでいなければ，相続人らは，生存配偶者に対する彼らの債務を履行することが困難でしょう．その結果，相続不動産を売却せざるを得なくなり，このことが，価値遺留分賛成論を排斥する論拠となっています．

外国法における支配的な手法は，現物遺留分であり，これは，生存配偶者が被相続人の遺産の一定部分に対して権利を有するというものです．しかし，単純な解決は，相続法制の硬直性を増大させます．すなわち，生存配偶者に割り当てられる部分が決まっており，遺留分は，不変の割合というものに閉じこめられてしまうのです．先ほど触れた相続法制改革法案は，生存配偶者が自由に使える個人的資産を考慮に入れようとして，別の方向に向かいました．生活の維持という方向です．

B 生活の維持

法律案の理由書の中で言われているように，「遺留分制度に異議を唱えようと，ある人々によれば個人の自由への侵害となると評価されたり，またある人々によれば相続財産の清算の複雑性の要因となるといった様々な声が挙がっている時代において，そのような方向〔遺留分の採用〕は，不適切にして時宜を

得ないものであることが明らか」となったでしょう．生存配偶者を遺留分権利者とはせずに，カルボニエ＝カタラ委員会は，生存配偶者の相続上の諸権利の全部又は一部がないときに，生存配偶者の生活条件維持のための分担金を相続財産に求めることを許すことで，「保証される相続財産の最低限」を生存配偶者に対して認めることを提案しています．現在，民法207条の1は，債権を相続権のように構成することで，扶養料を求める権利を生存配偶者に認めています．すなわち，個人的資産を持たず，相続財産帰属規定の結果，（相続財産を）全く受け取らないか又は十分には受け取らない生存配偶者は，相続財産から，扶養料を求めることができるのです．こうした・扶養料を求める権利を超えて，法律案は，やもめ暮らしが引き起こす生活水準の喪失をできる限り補償するために，生存配偶者に維持の権利を認めています．これは，広い意味での生活費債務の表れであり，もっと正確に言えば，配偶者に生活条件の，とりわけ生活環境の維持を保証するために当てられる分担金です．この分担金は，死者がかかえていた負債を消滅させた後に遺産から差し引かれることになるのでしょう．それは，相続人や受遺者が，彼らの取り分に比例して負担することになるでしょう．こうした相続上の負担の特殊性は，民法207条の1の扶養債権との関連で，現物若しくは金銭で又は一部は現物で一部は金銭で履行されるということでしょう．

　現物履行としては，とりわけ，住居の賃貸借権の配偶者への割り当てが予想されます．離婚法（民法285条の1）から借用して，法律案はまた，普通の法によっては夫婦の住居の使用を主張することができないであろう生存配偶者に対し，この住居の使用を維持するために，強制賃貸借という技術に訴えています．そのうえ相続財産は，居住の負担及び賃料債務という負担を引き受けなければならないこともあるでしょう．

　この法律案では，配偶者の生活条件を維持するための相続財産の負担は，裁判官が配偶者に与えることのできる定期金〔rente〕の形をとることもあります．つまり，維持の給付は，離婚の場合の補償給付を想起させずにはいられません（民法276条「補償給付は，元本がない場合又は元本が十分でない場合には，定期金の形

式をとる.」〔法曹会訳〕).しかし,一括みなし的性格を持っている〔民法273条〕補償給付とは違って(それは,当事者の資産又は必要性の点で予想外の変化があった場合でも,再検討され得ない〔民法273条〕.),生存配偶者の生活条件を維持するための相続財産の負担は,その者の資産が増加したときには,減額又は廃止され得るでしょう.こうした視点からすれば,この分担金は,共同生活の破綻を理由とする離婚に適用される民法282条の「定期金〔pension〕」に似てきます.しかしこの分担金は,相続財産の正味の積極財産が最終的確定をみるのは死亡時なのですから,生存者の必要が増大したときに増額させることはできないでしょう.それでもなお,このような給付は,遺留分制度にはない柔軟性を借りてきているのです.問題は,依然として提起されています.すなわち,結局のところ,探究してきたテーマを満足させるのは,債権よりも物権の方なのでしょうか.

親子法の混迷 ── 親子法における二つの真実

I　序 ── 問題の限定とその理由

　エクス-マルセイユ第Ⅲ大学と中央大学との交流20周年シンポジウムにおいて報告の機会を与えられましたことは，私にとってまことに光栄とするところです．私の中央大学法学部における担当科目は民法，そしてその一部としての家族法ですから，今回のシンポジウムのテーマに最も密接な専門分野であるといってよいでしょう．

　報告の副題にある親子法における二つの真実とは，いうまでもなく血縁的ないしは生物学的な親子関係と，現実生活で作り出される社会学的親子関係のことを意味しています．これら二つの親子関係は一致するのが通常です．血縁上の親子が生活関係を営むことにより，社会学的な親子関係が形成されるからです．法的な親子関係も血縁の真実を前提にしております．血縁に基づかない親子は，養子法で規律されることになります．しかし，養子の効果としてではなく，つまり実親子法の内部において，法的な親子関係が血縁上の親子関係と一致しない場合があることは，法律家の常識に属することがらです．血縁があるのに法的に親子でない，あるいはその逆に，法的な親子なのに血縁がないという事態はありうることです．

　私のこの報告では，そうした血縁と法的親子関係の不一致のうち，特に，嫡出父子関係に焦点を当てたいと思います．その理由としては，これが，最近の日本の家族法学においてきわめて論争的に扱われている問題の一つであるということがあげられます．さらに，この論争はフランス民法と密接な関係をもっているという理由もあります．つまり，この論争では，血縁の真実の貫徹を疑

問視する者から，フランス民法の「身分占有（possession d'état）」などの制度が参考として反論がなされているのです．もともと，歴史的に見て，日本民法とフランス民法は深い関係をもっています．1890年に成立しながらも施行されなかった日本最初の民法典は，起草者であるフランス人教授の名前から，「ボワソナード民法」と呼ばれるほどにフランス民法の影響を受けておりました．また，その後に実際に施行された民法は，その構成においてはドイツ民法の方式を採用しましたが，フランス民法に起源をもつ重要な制度が少なくないのです．ここで論じようとしている実親子法も，そうした制度の一つといえます．

なお，私自身のフランス法に関する知識は限られており，日本語とドイツ語の文献によるフランス法の解説が基礎になっております．また，ここでエステル・ホフマン（Estelle Hofmann）さんに感謝の気持ちを述べておきたいと思います．彼女は，私の知識の不十分・不正確な部分を補い，またこの報告原稿をフランス語に翻訳してくれました．彼女の援助なしには，この報告はありえなかったでしょう．

II 日本の嫡出親子法の概要

日本民法772条によれば，婚姻成立後200日後に妻が出産した子と，婚姻の解消後300日以内に元妻が出産した子は夫の子と推定されます．これがいわゆる「嫡出推定」です．この推定は非常に強力であって，それを覆すためには，「嫡出否認の訴」の手段によらなければなりません．この訴えには二つの点で厳しい要件がつけられております．まず第一に，この訴えをなしうる者は，原則として父と推定された夫だけです（774条）．第二に，夫が否認権を行使する場合でも，子の出生を知った後1年以内という出訴期限があります（777条）．これらの諸規定により，妻がその期間中に出産した子の父子関係は，夫がその出生を知ってから1年以内に否認の訴えを提起しないともはや争えないものとなります．夫以外の者が，その父子関係を争うことは許されませんし，夫であ

ってもその1年を過ぎると争えないことになります.

　嫡出否認の訴えの要件がこれほどにまで厳格である主な理由として，二つのことが指摘されています．一つは，出訴権限を夫だけに制限することにより，第三者の訴えによって家庭の平和が乱されるのを防止することであり，もう一つは，短い出訴期限によって法的な父子関係をできるだけ早期に確定することです．この二つの目的それ自体は正当であると考えられますが，要件があまりに厳格であるために，法的な親子関係の確定が客観的にきわめて不自然で，かつ当事者にとっても耐え難い結果になることがあります．

　たとえば，夫婦の別居中に妻が懐胎し，離婚後300日以内に生まれた子の場合を考えてみましょう．この子は，形式的には前婚の夫の子であるとの推定を受けますから，まず前の夫の子として出生届がなされなければなりません．少なくとも，戸籍行政の実務はそれを原則としております．たとえ，母が実父と再婚してその子と一緒に生活していたとしても，実父がその子を認知するためには，事前に戸籍上の父が抹消されなければなりません．実父が二人いることはありえないからです．しかも，戸籍の記載を変更するには，裁判が必要とされます．前の夫が1年以内に嫡出否認の手続をとれば，面倒ではあってもそれは可能です．しかしもしそれがなされなければ，子の本当の父を明らかにする手段はないことになります．

　日本民法の条文をそのまま適用した場合には，以上のように誰が考えても奇妙な結論となる場合が出てまいります．そこで，日本の学説と判例は子の父子関係を争える場合をより広く認めようと努力してまいりました．その結果として，日本の嫡出推定と嫡出否認の制度は，条文だけからは想像できないほどの変貌をとげております．

III　嫡出推定の排除——第一の事案類型

　二つの事案類型を区別して，その変貌ぶりを説明いたしましょう．

第一の事案類型は，いま述べた事例のように，子の懐胎時期において夫婦間の接触がありえない事情があった場合です．離婚に先立つ長期の別居状態があった場合が典型的といえましょう．この事案類型に関しては，最高裁判所の1969年5月29日の判決[1]があります．

　ある女性が，夫との別居から2年半の後，しかし離婚からは300日以内に子を出産しました．その子が，母が夫との別居中に継続的な関係をもった男性に対して認知の請求をいたしました．これに対して，被告男性は次のように抗弁しました．その子は母の離婚後300日以内に生まれており，前の夫の子であるとの推定を受けている．したがって前の夫からの嫡出否認によらずに，子の父子関係を争うことはできない．この認知請求は不適法な訴えである，と．民法の条文によればもっともな被告男性のこの抗弁を，しかし，最高裁判所はしりぞけました．離婚前の，夫婦間の生活実体が失われた状態で懐胎された子には，民法772条の推定は及ばないというのです．その結果，子の父子関係は嫡出否認によらねばならないという制限はすべてなくなります．嫡出否認は嫡出推定を破るためだけの手段ですから，その推定が及ばない場合には否認も必要ないということになるのです．

　こうした場合に推定の排除が疑問視されることはありません．推定の基礎にある夫婦生活そのものが存在しなかったからです．また，推定される父と母子とが共同の家庭生活を営むということも通常ありません．この場合には，表見的な父子関係を否定するための裁判手続さえも余計ではないかと思われます．フランス法であれば，子の懐胎または出生が婚姻中であったとしても，通常なら父子関係の推定が及ぶであろう二つの場合において，推定が排除されます．一つは，子が法律上の別居期間中に懐胎されていた場合であり（仏民313条1項），いま一つは，夫を父と表示しない出生届がなされていた場合です（同313条の1）．これらの場合には推定がはたらいておりませんから，この状態で実父が認知しても，日本のような面倒はないことになります．

　日本には，フランスのような制度が存在しません．そこで推定は及ばないと解釈されても，戸籍に表示された表見的な父子関係を訂正するためには，やは

り裁判が必要になります．しかしその裁判は，もはや嫡出否認の訴えではありません．親子関係不存在確認の訴えという訴訟によることになります．親子関係不存在確認の訴えという訴訟を直接的に認めた法律はありません．けれども，真実と合致しない戸籍記載を訂正する手段として，学説も裁判実務もこれを承認しております．特定目的のために法律で認められた訴訟ではありませんから，この親子関係不存在確認の訴えには嫡出否認の訴えのような制限がありません．訴えをなす利益がありさえすれば，誰でも，つまりは戸籍上の父，子自身，子の母，相続上の利害をもつ親族，さらには血縁の父と自称する男性でさえもこの訴えを提起することができます．さらに訴えの期限についても無制約であり，たとえば何十年後に戸籍上の父が死亡した後でも可能です．フランスとは異なり，日本には親子関係に関する訴権の消滅時効を定める規定（30年；仏民311条の7）はありません．

　このように，嫡出推定が排除されるかどうかは，きわめて大きな結果の違いとして現れます．推定がはたらいていれば，父と子の親子関係には時として厳格に過ぎるほどの保護が与えられ，排除されればその保護の一切が失われることになるからです．したがって，推定が排除されてよい場合とその理由が明確に示されなければならないのです．そして，日本では，まさしくそのことをめぐって論争が繰り広げられているのです．

IV　嫡出推定の排除 —— 第二の事案類型

　推定の排除の当否が争われるのは，懐胎時期においては夫婦生活が存在したが，夫と子の間には血縁がないという第二の事案類型です（なお，ここでは非配偶者間人工授精（AID）によって生まれた子の問題は除外します）．DNA鑑定に代表される，自然科学の発達による鑑定技術の進歩の結果，こうした事案でも血縁的真実を容易に知ることができるようになっています．日本における親子鑑定は，従来は裁判所の委託に基づいて大学医学部の法医学教室がおこなっていまし

た．しかし最近では，民間企業が鑑定をおこなうようになっております．そればかりか，裁判所や弁護士が介在しなくとも，一般個人との契約によってDNA鑑定を安価，迅速におこなう会社さえも登場するに至っております．この点，1994年の法律改正で，親子鑑定に厳しい法律的規制を加えたフランスとはかなり事情が異なります[2]．

　この種の事案に関する最高裁判所の見解はまだ示されておりません．先ほどの1969年判決に従うならば，推定の排除は認められないでしょう．子の懐胎時期において夫が父であることを否定する明白な事実が存在しないからです．しかし，学説では，ともかくも血縁のないことが判明すれば推定が排除され，親子関係不存在確認の訴えが許されるべきだという見解が根強く主張されています．これは血縁説と呼ばれています．そして，最近の下級審裁判所の多くは，次に述べる「家庭の平和崩壊」説を介して，実質的にはこの血縁説に到達しております．「家庭の平和崩壊」説という見解は，訴え提起の時点において夫婦と子との間の家庭の平和が失われていれば，嫡出推定は排除されて親子関係不存在確認が許され，血縁の真実に従って親子関係が否定されると主張しています．嫡出否認の厳格な要件の目的は家庭の平和の保護にあるのだから，父母の離婚などによってそれがなくなれば，血縁の真実を明らかにすることの障害もなくなるというわけです[3]．

　この見解を採用した代表的事例として，1994年3月28日の東京高裁判決[4]を紹介しましょう．

　これは，離婚した夫婦の夫から婚姻中に生まれた子との親子関係不存在確認を求めた事件です．この夫婦には二人の子がおり，母を親権者として離婚いたしました．その後，原告である夫は二人の子について，自分が親権者となるために，家庭裁判所に親権者変更の申立をしました．その際，裁判所の調停委員から子の一人は血液型からみて夫の子ではありえないことを知らされました．そこで，今度は，その子との親子関係不存在確認の訴えを提起したというのがこの事件です．これに対して母は，この子は民法772条の推定を受ける子であり嫡出否認以外の手段で親子関係を争うことはできないと抗弁しました．第一

審裁判所は，母の抗弁を認めて，訴えを却下いたしました．これに対して，控訴審である東京高等裁判所は，先の学説に従い，家庭の平和が崩壊している場合にも推定が排除され，親子関係を争うことができると述べて，事件を第一審裁判所に差し戻しました．なお，この事件の母は二人の子どもと一緒に他の男性と同居しておりますが，その男性が本当の父であるかどうかは不明確です．

この判決の考え方に対しては二通りの批判があります．一つは，血縁説からの批判です．そもそも，親子関係が裁判で争われる時には，家庭の平和が崩壊しているのが普通であって，家庭の平和の崩壊を要件とすること自体が無意味である，というものです[5]．たしかに，表見的な父と母子が平和な家庭生活を営んでいる状態で，第三者から父子関係が争われる場合を想定するのは容易ではありませんから，この批判はもっともであるといえます．嫡出推定の排除は，当然に認められるべきだということです．

しかし他方では，このような解釈は実質的には嫡出否認制度の否定であって，厳格な否認要件によって守られた嫡出推定の制度そのものを空洞化させているとの，強い批判が加えられております．この批判は，嫡出推定の制度が保護しようとしている，父子関係の早期安定という目的をも重視すべきであるとの理由に由来します．つまり，妻の産んだ子が血縁上の父を法的な父としてもてないときに，母の夫に父としての法的責任を課すことが，嫡出推定制度の重要な目的の一つである，というのです[6]．したがって，この見解によれば，この事件では母の元の夫である原告が父としての責任を果たすべき男性であり，嫡出推定は排除されないという正反対の結論になります．

V　若干の比較法的考察

この第二類型の事案における原告は，子に対する一切の法的責任から解放されるべきでしょうか．言い換えれば，子は法的な父を失ってもやむを得ないのでしょうか．それとも，母の元夫は自分と血縁がないとわかったにもかかわら

ず，その子に対する父としての法的責任を引き受け続けなければならないのでしょうか．また，その子は母の夫が死亡すれば，遺留分権のある相続人として扱われるべきなのでしょうか．

ドイツ法によれば，夫の否認権は，子が自分の子でない事情を知った時から2年間は行使できます（独民1600条b1項）．フランス法では，夫の否認権は，子の出生を知った時から6カ月以内に行使しなければなりません（仏民316条）．この期限は，日本法やドイツ法に比べると，非常に短いといえます．そのようにして早期に安定した父子関係は，嫡出子としての身分証書の記載とそれと合致した身分占有によって守られるというのが，フランス法の伝統的なシステムでした．しかし，このシステムも動揺していることが指摘されています．つまり，「いかなる者も，その出生証書に合致する[身分]占有を有する者の身分を争うことができない」と規定するフランス民法322条2項の問題です．1985年2月27日の破棄院判決は，この規定が父子関係にも適用されることを肯定しました[7]．この規定を反対解釈すれば，子に嫡出子としての身分占有がなければ，すべての利害関係人は，30年間は父子関係を争えることになります．

結論はその夫と子との間に身分占有があるかどうかにかかります．身分占有についてはフランス民法311条の2に定義規定があります．しかし，それだけでは判然といたしません．たとえば前述の日本の第二の裁判例では，夫婦は離婚したものの，夫は真実を知らされるまでは自分の子であることを疑っていなかったのです．だからこそ，最初は，親権者の変更を求めたのです．この場合には，もしフランス法なら身分占有が認められるのでしょうか．それとも，離婚した夫からの訴え提起によって身分占有が否定されることがあるのでしょうか．もちろん，身分占有を否定して訴えの提起を許し，その上で，子の利益に配慮した裁量的な判断を裁判官に期待することは，理論的にはありうるでしょう．しかし，一度実体審理がおこなわれれば，進歩した鑑定技術がすべての真実を明らかにしてしまいます．最も有力な証拠方法を，裁判官の裁量によって最後まで拒否し続けることはできないでしょう．もしそうすると，日本の血縁説と同じ結果になるのではないでしょうか．

むすび

　古くからの格言は,「父は常に不確実である (Pater semper incertus.)」と述べています. われわれの法的な英知は,「婚姻が指し示す者が父である (Pater est, quem nupitae demonstrant.)」という格言でこの不確実さを克服してきました. しかし現在では,「父は確実に知ることができる」という前提から出発しなければなりません. その上で「なぜ婚姻が指し示す者が父であり続けるのか」, という問題に法律学は答えなければなりません. この二つ目の格言は, もはや必要ないのでしょうか. それとも, 法律学の真の英知がこの原則に隠されているというべきなのでしょうか. 日本の親子法の混迷は, この問題との格闘の現れと見ることもできます.

　最後に, 最新の最高裁判所判決に触れておきたいと思います. 今年 (1998年) の8月31日に, 最高裁判所の第二小法廷は, 嫡出推定の排除に関する二つの判決を言い渡しました. 第一の事案[8]で被告とされたのは, 夫が戦地から帰還する前に懐胎されて, 夫の帰還後に出生した子です. この子は, 生後間もなく, 実父と思われる男性の養子となり, 彼の家庭で成長いたしました. 戸籍上の父が死亡した後に, 別の子 (養子) が親子関係不存在確認の訴えを提起いたしました. その子に相続権がないことを明らかにするためです. 判決は, 原告の訴えを認めました. この場合には嫡出推定が排除されるし, また原告の請求は権利の濫用ではないというのが, その理由です. 第二の事案[9]は, 母の夫から子に対する親子関係不存在確認請求事件でした. この子の懐胎時は夫婦の別居直後でしたが, 判決は, 婚姻の実態は完全には失われていなかったから, 嫡出推定は排除されないと述べて, 夫の請求を却下しております. いずれの判決も,「家庭の平和」の崩壊は問題にしておりません. 子の懐胎時期において, 妻が夫の子を懐胎しえないことが明らかな事情があったかどうかが, 問題とされております.

ただし，第一の判決には，一人の裁判官の意見が付されています．その意見は次のように要約できるでしょう．まず，民法772条の推定に形式的にあてはまる場合には，必ず嫡出否認によらなければならないというのはあまりに不都合である．懐胎期間中に妻が夫の子を懐胎できないことが外観上明白な場合には嫡出推定を排除しなければならない．しかし，その場合であっても，親子関係不存在確認の訴えを無制限に認めるのは行き過ぎである．なぜなら，それを無制限に認めれば，法的な親子関係を早期に安定させ，さらに家庭の平和を第三者の攻撃から守るという，嫡出否認制度の目的が完全に没却されることになるからである．したがって，親子関係不存在確認の訴えには，提訴権者と提訴期限の両面で制約を加えなければならない．

この裁判官の意見は，もっと具体的かつ詳細ですが，この要約にとどめましょう．この意見は，「婚姻が指し示す者が父である」という原則が決して便宜的なものではないことを語っているように思われます．そして，この意見が今後の議論において無視できない重みをもっていることも否定できないでしょう．

1) 民集23巻6号1064頁．
2) 北村一郎「フランスにおける生命倫理立法の概要」ジュリスト1090号122頁参照．
3) 松倉耕作「嫡出性の推定と避妊」法律時報45巻14号（1973年）130頁以下参照．
4) 家裁月報47巻2号164頁．
5) 田村五郎・親子の裁判　ここ30年（1996年），18頁以下参照．
6) 水野紀子・判例評論435号52頁（判例時報1521号214頁）以下参照．
7) 伊藤昌司「フランス親子法における身分占有」谷口知平先生追悼論文集 第1巻 家族法（1992年），216頁参照． vgl. Rüdiger Ernst, Die Vater-Kind-Zuordnung aufgrund der Ehe der Mutter, 1993, S. 181 ff.
8) 家裁月報51巻4号75頁．
9) 家裁月報51巻4号33頁．

家族法と取引法[1]
―― フランス法の報告 ――

序　論（歴史的観点から）

　フランスにおいて，家族法と取引法の関係は長年にわたる難問だった．それは，本来民法より柔軟な商法が提供している法制度を，夫婦あるいはその子が自由に利用することを妨げる民法の厳格な原則があったためである．

　このような商業活動を妨げる第一の民法上の原則は，婚姻中の女性の法的無能力だった．事実，独身の女性は自由に商業をおこなうことができたのだが，結婚した女性は一般的無能力に関する1804年の民法典の適用を受けるものとされていた．確かにこの無能力者制度は妻の商業活動遂行に対する絶対的障壁であったわけではないが，1807年商法典5条が規定するように，その活動には夫の同意が必要とされていた．

　判例はその後，夫の許可という法的要求は維持しながらも，この規定を緩和するに至った．夫の許可は黙示で足り，妻が単独で，個人的な商活動を夫の目前においておこなっていたという事実からこの許可が生じうるものと認めた．しかしながら，夫の許可という要求はもっぱら1942年9月22日法によって消滅している．ただし夫には，妻の商業活動遂行に反対する家父長としての権利が残されていた．そして最終的にフランス法上で，自由かつ完全に商業活動を遂行する権利が婚姻中の妻に認められるには，夫婦財産制の改革に関する1965年7月13日法を待たねばならなかった．

家族内における商法の機能を妨げていた第二の民法上の原則は，夫婦財産制の不可変更性という原則だった．この原則によって，夫婦は，当初選択した財産制を婚姻中は変更できず，また判例においても，夫婦が考えるであろうあらゆる変更に対してこの禁止が適用されるようになっていた．この名目の下，フランスの裁判所は，夫婦が同一の合名会社または有限会社の社員となることはできないとして，当該営利社団契約[2]を無効としていた（cf. Civ., 5 mai 1902, S. 1905, I, 41, note Hémard ; Req., 15 février 1937, D. P. 1938, I, 13, note Cordonnier）．結局，このような禁止は夫の家族の長としての資格にその基礎を見出しうるのであり，夫婦における，組合契約締結の意思 [affectio societatis]，すなわち会社企業において平等な立場で協働する意思が生じることを妨げていた．

このように，夫婦間における営利社団契約の禁止は非常に広範な形態を有していた．特に夫婦財産制が共通財産制か別産制であるかが重要となるわけではない．営利社団の設立が婚姻前であるか後であるかも重要ではなかった．さらに，営利社団契約を夫婦相互のみがするか，夫婦以外の者とするかも重要ではなかった．

しかし現代では，このような禁止それ自体が再び問題とされるようになった．事実，夫婦財産上の合意の不可変更性については，1965年から，司法のコントロールの下で財産制を変更できるようになったし，さらに妻に対する夫の許可も，夫婦間の平等という原則の前に消滅した．このような状況下では，夫婦間の営利社団契約の禁止が維持されるべき理由はもはやなかったのである．しかしながらこの禁止は，一度に解消したわけではなく，二つの機会を経て解消した．その最初の段階は，1958年12月19日のオルドナンスによって実現され，夫婦双方は，同一営利社団内で互いに社団債務に対する無限責任および連帯責任を負わないとの条件の下，社団契約をすることができるようになった．言い換えれば，夫婦の双方は同一の有限会社あるいは株式会社の社員となることができたが，逆に同一の合名会社あるいは合資会社の社員とはなれなかった．こ

れは，たった一つの商事事業が失敗した結果，夫婦の全ての財産が債権者に差し出されることを避けるためであった．第二の段階は，1985年12月23日法によっておこなわれ，この制限自体が消滅した．こんにちでは民法典1832-1条が，「夫婦は，二人のみで，ま又は他の者とともに同一営利社団の社員となり，共同で又は単独で，社団の管理に参加することができる」3) と，ごく一般的な形で規定している．

最後に，三つ目の，支障のある民法上の原則は，民法典1130条2項に規定される，将来の相続に対する合意の禁止という原則である．この原則は，今日においても効力を有しており，未だ死亡していない者からの相続を目的とする合意を禁じている．これは，その合意による受益者が早急な死を引き起こすようなことをさせないための配慮なのである！ そしてこの原則を理由に，フランスの判例は，さらに商人が，生存中の妻あるいはその子に対する営業譲渡を前もって準備しようとすることまで非難していた．しかし，ここでもまたフランス法は，さらに柔軟な意識へと近年展開してきた．ただちにあげられるのが，商事会社に関する1966年7月24日法のいくつかの規定を通じた展開である．

言い換えれば，フランスでは，家族法と取引法の関係はここ三十年来，過去に比してより調和のとれたものになってきた．こんにち，商法の技術は一般的な方法で，家族という枠組の中に適用の場を見出しうるようになっている．このことは，ときとして商法の適用に問題を生じさせており，それゆえに注意深い検討が必要となっている．

その検討をおこなうため，まず夫婦の地位に目を向けたいと思う．その地位は，営業財産の利用を通じて，個人として商業活動をおこなう場合と（Ⅰ），夫婦の一方，さらにはその双方が参加して商事会社の枠組内で商業活動をおこなう場合とでは（Ⅱ）全く異なる．そして，現在のフランスにおいて非常に重要となっている営業譲渡の問題を通じて，子の地位について検討したい（Ⅲ）．

I 個人として商業活動をおこなう夫婦の地位

夫婦の地位という点から見ると，個人的形式による商業活動は二つの種類の問題を生じさせる．その一方は商業活動の遂行に関わり(A)，もう一方はこの活動によって生じる，夫婦財産における，積極的のみならず時には消極的な利益と関わっている．

A 商業活動の遂行

こんにちのフランス法は，夫婦の各々に認められる自由な商業活動の権利という点に特徴がある．それゆえ，まずこの基本的自由について述べ(1)，次いで商人の配偶者の地位について述べる(2)．

(1) 夫婦の各々が自由に商業をおこなう権利

フランスでは，商業活動をおこなう夫の権利に対してはなんら異議が示されたことはなかった一方で，序論で述べたように，妻の地位は長い間困難な状況にあった．しかし 1965 年 7 月 13 日法以来，夫婦間の平等は完全となっている．なぜなら妻も，夫と同様に，自由な商業活動ができるからである．このような規則は，「夫婦の各々は，自由に職業活動をおこない，それによる利益及び賃金を受け取り，並びに婚姻による負担を果たした後にはこれらを処分することができる」と定める民法典 223 条において示された一般原則から直接生じている．

その後の 1985 年 12 月 23 日法は，夫婦の各々による債務負担契約制度を統合し，それによって夫と同様の信用力を妻に与えたため，このような平等はより一層強くなった．夫婦別産制においては，夫婦の一方の負債はその特有財産

だけを引当とする．これに対して共通財産制では，債務者たる配偶者の欺罔や債権者の悪意がなければ，共通財産に対する然るべき償還分を除いて，負債は共通財産全体を引当とする．逆に，夫婦の一方の利得および賃金は，その配偶者の職業上の債権者によっても差押えることはできない（民法典1413条および1414条）．原則として職業上の負債は共通財産全てを引当とすることになり，商人たる妻は，商人たる夫と同じ資格で，貸付をした債権者（銀行，納入業者）に対し，多くの場合それに見合った積極的な夫婦財産を差し出すことになる．当然のことながら，これら債権者はさらに，ときとして例えば配偶者の連帯保証を望み，要求するということもあろう（これはその配偶者の固有の財産と収入，すなわち特有財産からの果実と，利得および賃金にも及ぶだろう，民法典1415条）．

さらにこのような夫婦各々の自由な商業活動の遂行は，他の法律規定によっても助けられている．

——例えば，銀行口座に関する規定である．あらゆるフランス人の夫婦に適用される民法典221条により，その財産制がどのようなものであれ，夫婦の各々はその配偶者の承諾なくして個人名義のあらゆる預金口座および有価証券の口座を開設することができ，口座の名義人は，その預入人として，預入金および証券を自由に処分できる．すなわち，夫婦の各々は，口座に対する一定の手続を彼ないし彼女がおこなう権限がないことを他方配偶者が証明しない限り，自分の有する口座に対するあらゆる手続を自由におこなえる．そして，破毀院大法廷（4 juillet 1985, JCP, 1985, Ⅱ, 20457, rapp. A. Ponsard）の立場を踏襲した1985年12月23日法は，このような口座管理を容易にするための解決を，婚姻解消後の場合，とりわけ一方配偶者が死亡した場合にも適用することを定めた．

——これと同様に，1975年7月11日法によって挿入された民法典108条の規定は「夫及び妻は，生活の共同に関する規定に反しない限りにおいて，別個の住所を有することができる」としている．実をいえば，商業をおこなう妻の地位に対する，唯一の特別な法的扱いは，こんにちではその姓という点に止まっ

ている．妻は婚姻前の姓を用いて商業をおこなうことができるが，しばしば夫の姓を用いて商業をおこなうこともあるだろう．このことは，後の離婚の場合に問題を生じさせる．しかしながら，離婚した夫婦の各々は婚姻前の姓を回復することが原則となっているものの，民法典264条3項は「妻は，夫の同意を得て，又は自己若しくはその子にとって，夫の姓の使用に特別の利益があることを証明した場合には，裁判官の許可によって，その姓の使用を継続することができる」と規定している．職業活動をおこなう中で，夫の姓によって知られるようになった商人たる妻は，必要な場合には裁判官の許可を得て，離婚後もその姓を名乗りつづけることができるだろう．

このように，こんにちのフランス法は明らかに夫婦の各々による自由な商活動を原則としており，それゆえに，分離されそれゆえに法的にも独立した二つの職業活動の枠内で夫婦それぞれが商人となることは十分に可能なものとなっている（商法典4条）．

しかしながら民法典の法文，220-1条はおそらく夫に対して——しかしそれゆえに夫と同様に妻に対しても——，配偶者が家族の利益を著しく侵害するような職業活動を遂行することの禁止を，裁判官に請求するのを認めているともいえる．この法文は，実際には「夫婦の一方がその義務を著しく怠り，かつ，このために家族の利益に危険を与える場合，大審裁判所所長は，当該利益にとって必要であるあらゆる緊急の措置を命じることができる」と規定している．この法文に基づき，裁判所は妻の放棄した営業財産を使用する許可を夫に与えている（TGI Chambéry, 16 mars 1967, JCP, 1967, Ⅱ, 15184 bis）．おそらく，いずれ失敗することが明らかであるような商業活動を夫が遂行することを，妻が禁止する場合も考えられるだろう——しかし我々の知る限り，この点に関する判例はない——．さらに，民法典1443条は「夫婦の一方の事務の乱脈，劣悪な管理又はその不行跡により，共通財産制の維持が他方配偶者の利益に危険を与える可能性がある場合」，共通財産制の枠内で裁判上の財産分割をおこなう可能性も

与えている．

　このように非常に特別な場合を除き，夫婦の各々は自由に商業をおこなうことができる．この点につき最後に述べるにあたり，次のようなことを明らかにすべきであると簡単に付け加えておこう．実際には，夫婦の各々は商業登記および会社設立登記をするのみならず，その中で婚姻の日付および場所，並びに夫婦が採用した夫婦財産制を公示しなければならない．その職業生活において家族的地位に関わる出来事が生じた場合，夫婦は当該月内にその変更を申請しなければならない．すなわち配偶者の死亡，離婚の判決，夫婦の別居，財産の分割，夫婦財産制の変更の場合がそうである．このような当初の公示および変更後の公示が持つ意味は重大である．すなわち商人は，記載すべきであったにもかかわらずこれをなさなかった法的事実および行為について，第三者にも行政にも対抗しえないからである（1984年5月30日のデクレ66条）．しかしながらこのような制約は，商人の配偶者が公示していなかった行為については関係がない（cf. Com., 20 octobre 1992, Bull. civ. IV, n°260）．商人でない配偶者であれば法定の公示とは関わりがないのだから，それが普通である．それでは，商人の配偶者の地位について述べよう．

(2)　商人の配偶者の地位
　商人の配偶者——夫であれ妻であれ——は非常に多彩な法的地位にある．
　このような場合のうち二つについては，長い説明は不要である．まず第一は，配偶者自身が別個独立の活動をおこなう商人の場合である．第二は配偶者が家庭内に止まって，家事あるいは育児に従事し，その配偶者の商業活動に何ら参加しない場合である．

　しかし逆に，これ以外の場合における地位はさらに興味深いものであって，夫婦の一方がその配偶者の個人的な商業活動に参加し，これに貢献し，協働している場合に広く全般的に関わっている．この点で重要なのが1982年7月10日

法であり，長い間特別の権利を持たず，民法典が夫婦間に定めている協力扶助義務を遂行しているものと単純にみなされていた活動的な配偶者の地位を明確にし，そしてとりわけ保護しようとした．

　この法律によって，実際に，このような配偶者は二つの保護すべき地位を求めることが可能となっている．

　——それはまず，協働者たる配偶者という地位である．その地位につき商業登記および会社登記がされているならば，参加に対して報酬を受け取っていない配偶者も様々な優遇を受けることになる．この配偶者は裁判所商事部と商事裁判所判事の選挙人，被選挙人となる．また老齢年金への加入も可能となる．すなわち将来の退職に備えた保険料支出が可能となり，このために支払った社会保障の任意保険金が事業の課税対象収益から控除されることになる（一般租税法典 154 条 bis）．そして，この場合の夫婦の一方は，事業上の必要性がある管理行為を商人たる配偶者の名において遂行することについて，委任を受けていたものとみなされる．この委任は現実には営業財産を夫婦双方が共有しておらず，夫婦の一方のみが所有している場合に利用される．委任は婚姻の解消，別居又は夫婦財産の分割がされるまで存続するが，公証人の面前での宣誓，ならびに商業登記および会社登記に公示することによって終了させることもできる．

　——もう一つは賃金を支払われる配偶者という地位である．このような地位を有する配偶者は，法律の文言によれば，「職業的かつ恒常的におこなう事業または活動に実際に参加し，少なくとも最低賃金［S.M.I.C］と同等の時間給を受領している」者である．配偶者がこの地位を選択した場合，労働者としての社会的な保障と労働立法による保護を全て享受する．例えば，退職金や解雇の場合の失業補償手当である（労働法典 L. 784-1 条以下）．租税法は，夫婦が完全な別産制を採用した場合はその賃金全額を，および共通財産制または後得財産参加制を採用した場合には年 17000 フランを限度とした額を，収益から控除することも認めている．この限度額は非常に些細ではあるが，会計をコントロール

しそれゆえに脱税を防ぐ役目を果たしている公認会計管理センターにその商人が加入した場合には，最低賃金月額の 12 倍にまで引き上げられる．

このように労働者としての地位は有利なものである．しかし当然に，実際の労働に従事している必要がある．行政，特に税務庁がその実態に対して異議を示すこともももちろんできる (voir Paris, 22 septembre 1996, Bull. Joly 1997, 47, note B. Saintourens)．

しかしながら，夫婦の一方がこのような地位のどちらをも主張しなくても，配偶者がおこなう商業活動に参加していた者は，二つの特定の場面で一定の法的保護を受ける．その一つが離婚時における保護である．補償金[4]の支払いを通じて，過去におこなった活動に対する補償を受けることが考えられる．さらにこの点について，民法典 280－1 条は，離婚の判決を受けた有責配偶者も補償を受けることができると定めている．すなわち，このような配偶者も「共同生活の期間及び他方配偶者の職業活動に対する協働を考慮して，離婚に対する金銭賠償を全く認めないことが衡平ではないことが明らかである場合，例外的補償金を得ることができる」．もう一つが，商人たる配偶者が死亡した場合である．すなわち，1989 年 12 月 31 日法 14 条の文言によれば，少なくとも 10 年間直接かつ実際に企業活動に参加していた事業主の生存配偶者は，賃金を支払われていなかった場合に，被相続財産の額の 25％ を超えない範囲で，配偶者の死亡時において発効している最低賃金年額の 3 倍に相当する債権を有することになる．この債権は，生存配偶者が共通財産の分割者として有する債権，さらには相続人ないしは受遺者として有する債権からは除外される．この債権は民法典 2101 条および 2104 条による先取特権と法定担保権によって保証されている．

このように，夫婦の一方がおこなっている商業活動に参加する配偶者の地位は興味深いものであることがわかる．しかし，ここでもさしあたって，このような配偶者が単なる参加，単なる協力をしているに過ぎないことが必要であると付言しておく．逆に，この配偶者が付随的な役割を超えた役割を果たしてい

た場合には，自身が困難な地位に立つようになることは明らかであろう．すなわちそれは，共同経営者あるいはそれゆえの事実上の商人という身分である．法律は沈黙しているが，実は判例は一貫して，第三者の面前で一方配偶者の有する商事財産の管理に関与し，共同で運用していた配偶者は，給与を受けていなくてもそれ自身が商人となり，かつ，この身分によって，その意思にかかわらず破産手続［procédure collective］の対象となり，商事活動によって未払の債務が生じた場合には，その個人財産も訴訟の対象となるとしている（voir ainsi Com., 6 juin 1977, D. 1977. I. R. 430, obs. A. Honorat ; 27 mai 1986, RTD Com. 1986, 514, obs. J. Derruppé ; 4 janvier 1994, Bull. civ. Ⅳ, n° 1）．こうして，例えばある控訴院判決では，夫が，妻の経営する商店の顧客らと継続かつ反復した関係を有し，銀行の取引口座に対する委任状を持っていたのみならず，さらに商店の保険契約を締結し，商店の公示の中で妻の傍らにその名が示されていた事実を認定して，この夫には商人たる身分を認めることができるとしている（Com., 15 octobre 1991, Bull. civ. Ⅳ, n° 286）．

しかしこのような場合については，営業上の利益において述べるところである．

B　商業をおこなうことにより生じる夫婦財産

この財産は場合によっては積極的あるいは消極的な場合もあるだろうし，商業活動が黒字あるいは赤字となることもあるだろう．この経済的実態を理解するために，まず財産上は，商人たる配偶者の活動によって生じた果実であるところの営業財産の帰属について述べ(1)，次にこれとは逆に，商人たる配偶者の処分可能な積極財産が解消すべき消極財産に見合わない場合に，これに課される破産手続について述べよう(2)．

(1) 商業上の積極財産：営業財産の帰属

まずこの営業財産の法的性質を決定する条件について述べ (a)，次に，夫婦双方に共通か (b)，あるいはその一方のみに固有か (c) によって明らかに異なる，営業財産上の制度について述べる．

(a) 営業財産の性質の決定

個人的な方法で営業活動がおこなわれる場合に，ここでいう活動は，営業財産が資産上存在していることと表現されている．営業財産は，その商人の顧客層と，この顧客の集合を可能にするあらゆる要素によって構成されている．これは例えば，商号，看板，商事賃借権，設備，商品，商標，免許等である．

家族内での営業財産の帰属は，夫婦が採用した財産制度によって異なる．

夫婦別産制では，その各々が婚姻前から所有する営業財産を個別に所有するのみならず，婚姻中に生じ，あるいは購入した財産も個別に所有する．まれに採用される後得財産参加制においても同様である．この場合，夫婦の一方は，後得財産参加制の解消時に，その配偶者が無償で得た財産の評価額の半分につき，分与を求めることができるだけである．

共通財産制では，1804年から1965年までの長きにわたって，営業財産が常に共通財産とされてきた．実際，この時代のフランスの法定財産制度は，動産および後得財産の共通制であった．そして法的には，営業財産は動産とされていたのである．しかし1965年7月13日法によっておこなわれた改革以降，今や合意によってのみ用いられる動産と後得財産の共通制を夫婦が財産契約で採用した場合を除けば，状況は異なってきている．法定の夫婦共通財産制は後得財産についてのみ残っており，営業財産の発生や取得の条件次第で財産の帰属が決まる．婚姻前から夫婦の一方の所有物であるならば，この営業財産もその固有のものとして存続する．婚姻中に無償で，すなわち相続，贈与ないし遺贈

によって取得した財産の場合，これとは別の扱いがされる．逆に，共同してであれ別個にであれ，婚姻中に夫婦間に生じたあるいは取得した場合，その営業財産は共通財産となる（民法典1401条）．このため夫婦の一方が財産を生じさせようが，あるいは取得しようが，さらにはこの目的でその個人的努力から生じた果実や，その固有の財産からの収入についての貯蓄の果実を利用していようが問題ではない．その財産は共通財産となる．

(b) 共通商事財産制

営業財産が共通財産であるという性格は，その共同の管理をも意味するわけではない．実際，夫婦の職業的自律を強化しようとした非常に重要な法律である1985年12月23日法以来，別個の職業活動をおこなう夫ないし妻は，この職業活動に必要な管理行為および処分行為を単独でおこなう権限を持っている（民法典1421条2項）．すなわち共通の営業財産について，原則としてその管理をおこなうのは，商人たる資格を有する配偶者である．しかしながら，法律はこのような規定に若干の制限を設けており，この制限は明らかに最も重要な行為に関わっている．例えば民法典1422条は，生存者に対する，共通財産の無償の処分行為に夫婦双方の合意を要求しているし，1424条も，夫婦は互いに，他方配偶者の同意なくして共通の営業財産を譲渡すること（売買，会社への出資）や担保権を付すること（例えば質権設定）はできず，またこのような手続によって生じた資産を受領することもできないと規定している．

さらに前述の1982年7月10日法2条は，配偶者が協働者として企業における職業活動に参加している場合，商人は，その重要性および性格に鑑みて企業の営業に必要な共通財産に属する営業財産の要素を，配偶者の明示の同意なく譲渡すること，もしくは担保権を付すこと，またはこの営業財産を貸与することはできないと規定していた．さらにこの商人は，配偶者の明示の同意なくして，そのような手続によって得た資産を受領することもできない．1982年法と同様に，民法典に規定されるいずれの場合においても，法律上必要な同意を与

えていなかった配偶者は，その行為を知った日から2年以内にこの取消を求めることができるが，共通財産制の解消から2年を経た後はできない（民法典1427条）．

さらに夫婦財産制度上，共通の営業財産は，共通財産全体に含まれると推定される．すなわち共通財産全体が分割される場合，営業財産もこの中に含まれることになる．それゆえ分割の効果として，その営業財産は，これを生み出し，利用していた商人である夫婦の一方から引き離され，分割の際には受益配偶者に，あるいは死亡の場合にはその子に引き渡されることも十分ありえる．それゆえ，このような問題が生じないよう，公証人は，しばしば夫婦財産契約内に，商人たる配偶者が補償金を支払って共通財産を取戻すことを認める条項を挿入するようにしていた．このような条項は一般的には商事条項と位置づけられている．この約定は当初判例によって有効性が認められていたが，こんにちでは民法典1511条によって明確に認められている．この法文は「別段の定めがない場合，夫婦は，あらゆる共通財産制の解消時に，そのときにおける価値に従って共通財産に算入されることを条件として，両者のうちの生存者が，又は生存することを条件としてどちらか一方若しくは一方のみが，共通財産のうち特定の財産を先取できることを約すことができる」と規定している．

以下の条文はこのような先取条項制度について規定している．先取条項を援用して申立をおこなう権限は，当該配偶者（死亡の場合にはその相続人）に属している．先取権を有する配偶者は援用の決定について1カ月の期限を有しており，被承継人にこの決定を通知しなければならない（1513条）．夫婦財産契約では，支払われる可能性のある清算金の評価基準や支払方法を定めることもできる．例えば，内金の即時払いを要求したり，さらに事後の分割払いを定めることができる．当事者に合意がない場合，営業財産の価値は，その条項を考慮して，大審裁判所によって決定される（1512条）．すなわち，民法典では，このような先取は分割行為であるとされている．それゆえ先取された財産は受益配

偶者の分割分の額に算入され，この額を超過した場合には清算金が支払われることになる（1514条）．最後に，夫婦の一方が先取条項を援用することで得る利益は贈与とはならないことを指摘しておく．しかしながら民法典1527条は離婚した夫婦に子がいる場合，制限訴権[5]を残している．

(c) 特有営業財産制

この場合，夫婦の各々がその特有財産，そしてその一つである営業財産を管理し所有するのが原則とされており，各々はこれを自由に処分できる（民法典1428条）．

それゆえ夫婦の一方は，商人たる配偶者がおこなおうとする管理の主導に対しても，予定する処分行為に対しても全く保護されておらず，これはその者自身が協働者あるいは労働者として，配偶者の営業財産の運用に関わっていたとしても同様である．そのためこのような者にとって，突然報酬を失い，さらにはときとして夫婦の資産の大部分を占めることもある商業の収益を失ってしまう危険は大きい．

さらに商人たる配偶者が死亡した場合に，そのときまで営業に参加していた配偶者が，有償の協働を将来にわたって喪失してしまう危険もある．しかしこの点については，公証人実務上，夫婦財産契約の中で，婚姻解消時に生存している配偶者に対して，死亡した配偶者の特有財産を帰属させることを可能にする条項を挿入することが検討されていた．しかしながら破毀院は，この場合も商事条項と位置づけられるこのような条項を違法と判断して，実際には民法典1130条2項の禁じる将来の相続財産に関する合意であるとしていた（Civ., 11 janvier 1933, D. P. 1933, I, 10, note Capitant）．しかし1965年7月13日法は，民法典1390条を新設することで，明確にこの有効性を認めるに至った．

生存配偶者の権利は二つの異なる方法に従って行使できる．多くの場合，生

存配偶者は，相続人に対して，共同相続人としてではなく，死因を停止条件とする売買予約に由来する契約上の権利者として位置づけられる．しかしときとしては，死亡した配偶者からの相続による場合，ある財産の価値をその相続分に算入し，必要な場合には清算金を支払って，相続人たる地位に基づいてその財産を取得する場合もある．これら二つの場合における商事条項の適用を規律する原則は，前述のように，先取を用いた共通財産の取戻しを規律するそれとは異なったものとなる（民法典1391条および1392条）．

(2) 商業上の消極財産：商業をおこなう夫婦に対する破産手続

ここまで見たように，配偶者の商業活動に介在する者を想起すれば，万が一夫婦財産の全体を債権者が差押えた場合，夫婦双方が，各々を同時に破産手続の対象とすることも起こる．しかし多くの場合，商業登記および会社登記にその資格が登記された本来の商人たる配偶者のみが，支払いを停止した場合に裁判上の更正を受け，消極財産があまりにも大きい場合には裁判上の清算を受けることになる．それでは，このような破産手続が，商人ではない配偶者の地位に与える影響はどのようなものであろうか？

三つの問題が生じる．まず，このような商人の配偶者は破産手続において何らかの権利を有しているのだろうか (a)？ 二つめに商人たる配偶者の債権者が行使する権利に関わって何らかの危険を受けるのだろうか (b)？ そして最後に，その者本人に対する債権者は，本来関わりのないこの破産手続をおこなうことができるのだろうか (c)？

(a) 商人の配偶者の所有物返還請求権

19世紀には，そして1967年までそうであったのだが，フランス法は破産者の配偶者に対して欺罔の推定を設けており，この者が婚姻中にその名において取得した財産は営業収入によって取得されたものであって，それゆえその財産は清算対象財産に含まれる，と推定していた（"ミュシエンヌ [mucienne]" と呼ばれる推定である）．今日ではこのような欺罔の推定は消滅している．1985年1月

25日法111条は，配偶者は，夫婦財産制の規定に従った内容であることを自ら証明することを条件に，破産手続においてもその特有財産の返還請求をすることができると規定している．それゆえ返還請求をおこなう配偶者はこのような不動産，車両や物品がその特有財産であることを証明して，商業上の債権者の差押権を免れなければならない．別産制ではこの証明をあらゆる手段でおこなうことができ（民法典1538条），夫婦財産契約内に所有権の推定規定がある場合は，商業登記においても公示されていたことを条件に，破産手続においても主張できる．共通財産制では，この証明は原則として民法典の定める書面によってなされねばならないが，この原則から離れて，あらゆる書面（家族の名義，家計簿やその覚書，銀行書類や請求書）を考慮して，あるいは配偶者が書面を作成しておくことのできない精神的あるいは肉体的な不可抗力があった場合には証人や推定によって，この証明が認められている．それゆえこんにちでは，商人の配偶者はその特有財産を完全に回復することができる．しかしながら債権者の代理人や破産手続における管財人は，彼自身があらゆる手段を用いて，商人の配偶者が取得した財産が，実際にはその商人たる夫婦の一方が提供した金銭で取得されたものであることを証明し，これが成功した場合には，その財産を債務者の積極財産に編入する余地も残されている．

さらに1985年1月25日法114条は「婚姻のとき商人であった，又は婚姻から1年以内に商人となった債務者の配偶者は，裁判上の更正において，夫婦財産契約又は婚姻の期間中に夫婦の一方が他方に与えた利益を理由とするいかなる請求もおこなうことができない」と付け加えている．この規定の意味は明確である．すなわち法律は，商人がその債権者の訴求からその財産を逃れさせるために，自己の財産の一部をその配偶者の名義に移しえないようにしているのである．このように，商人の配偶者は夫婦財産契約による，あるいは婚姻中におこなわれた贈与を主張することはできないだろうし，共通財産の不等分な分割条項といった夫婦財産上の利益を主張することはできないであろう．これとは逆に，商人が配偶者のために支払った，正常な財政的能力を超えない生命保

険料は問題とはされないといえる．

　また逆に，114条はその最後に，債権者の側も，夫婦の一方がその配偶者になした贈与や利益授与を主張することはできないと付け加えている．

(b) 商人の債権者の権利に対する配偶者

　夫婦別産制では，その特有財産のみが破産手続における商人の債権者からの追及対象となる．配偶者の個人的な財産それ自体は差押えられないが，二つの特別な例外がある．一つは夫婦の一方がその配偶者の債務に対して連帯保証をしていた場合であり，もう一つが夫婦の一方が他方の営業に関与し，したがって共同経営者として行動していた場合である．

　逆に，共通財産制では，夫婦の一方はその配偶者に対する破産手続の余波を受ける．なぜなら民法典1413条の文言によれば，債務者たる配偶者の欺罔や債権者の悪意がないならば，夫婦の一方の個人的負債が共通財産に及ぶからである．そのため原則的に共通財産も差押えられることになるが，1415条による制限がある．この文言によれば，「夫婦の一方に固有の財産及び収入は，この財産が特有財産とはならないとする明示の合意が配偶者となされていない場合」，その連帯債務または債務を理由として差押えることができるとしている．

　このような，適用される財産制度による重要な違いは，一方が将来にわたって商業活動をおこなおうとする夫婦に別産制を採用させる結果を招いている．このため夫婦一方のみの職業活動の枠内では夫婦財産全体が差押えられないようになっているのである．

　このような別産制は，夫婦の一方が既にその商業活動を開始し，さらには負担すべき重要な消極財産が既にあっても採用されることがある．この場合でも，民法典1397条の定める条件の下，家族の利益にとって望ましい変更となるよう大審裁判所がコントロールすることで，夫婦財産制の変更は可能となる．その場合でも，裁判所は商人に対する債権者の権利にとっての欺罔の道具となり

うるような変更を許可しないよう注意しなければならないだろう．実際，夫婦が当初の共通財産制を放棄して共通財産の解消手続をおこなった場合でも，この機会を利用して，容易に消滅しうるような財産を商人に帰属すべき共通財産部分とし，将来の差押えを逃れることはできない（例えば配偶者に不動産といった容易に差押えることのできる財産を割り当てながら，自己については金銭とする場合である）．

しかし裁判所が既に許可手続をおこなった後でも，1397条4項は「債権者は，その権利に対する欺罔があった場合，許可判決に対する第三者異議を申し立てることができる」としており，多くの判決において，夫婦財産制の変更が債権者に対抗できなくなる可能性が示されている（Civ. 1ère, 23 février 1972, JCP, 1972, Ⅱ, 17175, note J. Patarin ; 7 novembre 1978, Bull. civ Ⅰ, n° 333 ; 2 mars 1982, Bull. civ Ⅰ, n° 93）．

同じ考え方において，債権者は，商人である夫婦の一方がその時点で既に支払いを停止していた状態であるにもかかわらずなされた，債権者の権利に対する欺罔となるような共同申立離婚による効果を定める合意を，無効とすることがおそらくできるだろう．実際1985年1月25日法107条は，負債を有する配偶者の側の債務が他方配偶者の債務を著しく上回るような双務契約上の権利の無効を規定している（1967年7月13日法以前の状況を参照のこと．同法は債権者に対抗できないことを規定していたのであって，無効としていたわけではない．Ch. mixte, 6 décembre 1985, D. 1986, 185, note F. Derrida）．

(c) 管理権限ある配偶者[6]の債権者の地位

商人たる夫婦の一方が裁判上の清算を受ける場合がある．その配偶者個人の債権者は，開始された破産手続に関連した当該個人への差押判決によって，直接的な影響を当然に受けるわけではない．言い換えれば，このような債権者は商人の配偶者に対して返済を求めることが十分可能なのであり，破毀院も，夫

婦が連帯して債務を負っている場合，商人たる夫婦の一方に対する破産手続においてその債権を届出なかったことを以って，配偶者に対する連帯債務の支払請求を妨げられない，としている．それゆえこの配偶者は債権の届出がなかったことを理由とする債権の消滅を援用することはできない (Com., 19 janvier 1993, Bull. civ. IV, n° 25 ; D. 1993, 331, note A. Honorat et J. Patarin)．

しかし逆に，商人たる夫婦の一方が裁判上の清算手続の進行によって債務を放棄したという事実によって，商人の配偶者個人に対する債権者が，債務者の特有財産に加えて，原則的にはこのような債務を負担している共通財産をも差押えできるのかという疑問も生じるだろう（民法典1413条）．夫婦財産制度と破産手続制度の間のこのような抵触について，裁判例は後者を優先している．実際に破毀院大法廷は，裁判上の清算によって夫婦の一方が債務放棄した場合，商人の債権者自身が差押えたとき——これは非常に希なケースである——を除き，その管理権限ある配偶者の債権者は共通財産を差押えることはできないとしている (23 décembre 1994, D. 1995, 145, rapp. Y. Chartier ; JCP 1995, II, 22401, note D. Randoux ; voir aussi Com., 14 mai 1996, Bull. civ. IV, n° 129 ; 14 octobre 1997, Bull. civ. IV, n° 260)．

II 会社形態によって商業活動をおこなう夫婦の地位

多くの場合，フランスでの商業活動は会社形態でなされており，ここでは利益を実現するため複数の社員が，財産あるいは労働を協働して提供している．ここで問題とすべき家族の権利，より正確には夫婦の地位という視点から見ると，法的問題には二つのレベルがある．まず一つがこのような会社の設立自体についての側面であり(A)，もう一つがそれに適用される法制度の面である(B)．

A 会社の設立

　夫婦たる身分が他者との会社設立について当然の障害となるわけではない．ここでは簡単に，例外的な場合には，このような社団設立がその配偶者の権利に対する欺罔行為となって非難を受けることがあると述べておく．しかし近年破毀院は，このような無効は社員全体による欺罔であることの証明が前提となると判示している．当該事件は，共通財産の一部をなす営業財産を運用する夫婦の一方が，おそらくその配偶者の権利に対する欺罔として三人の社員とともに会社を設立し，これに営業を賃貸したというものであった．言い換えれば，営業財産は共通財産として残ったが，その運用から生じた利益は，以降配偶者が参加していない会社に帰属することになったのである．この配偶者が社団設立の無効を主張し，控訴院では認められた（Besançon, 16 mai 1990, JCP, 1991, Ⅱ, 21756, note A. Tisserand）．しかし破毀院は，配偶者に対する欺罔に全ての社員が関与したとの証明がなされておらず，原審裁判官はその判決において1966年7月24日法360条に関して法律上の基礎を欠いているとして原判決を破毀した（Com., 28 janvier 1992, Bull. civ. Ⅳ, n° 36 ; D. 1993, 23, note J. Pagès）．

　逆に冒頭で既に見たように，会社の設立は，夫婦がともに社員となる場合に異議が示されることもあった．しかし，このような裁判例上の，夫婦間における営利社団契約の禁止は今日では立法によって廃止されている．なぜなら1985年以降，民法典1832-1条が「夫婦は共同で又はそれ以外の者とともに同一営利社団の社員となることができ，かつ共同で又は単独で，営利社団の管理に参加することができる」と規定しているからである．

　このように法律は以後の夫婦間のあらゆる営利社団契約を有効としたのみならず，三つの別々の条項でその出現を容易にしていることを付け加えておく．

　—まず一つは，民法典1832-1条で，夫婦双方は，共通財産のみを出資する

場合であっても営利社団契約をなすことができることが規定されている．一つの例をあげよう．合名会社は二人の社員の存在を前提としている．この二名の社員は，営業財産あるいは共通の不動産のみを唯一の出資とする夫婦であっても良いのである．

　―二点目は商事会社に関する 1966 年 7 月 24 日法 38 条の中に定められている．この法文は，有限会社について，労務出資，すなわち会社のための労務提供による出資を原則として禁止している．これはその会社の債権者にとって十分な担保を提供できないからである．しかし法文は例外として「会社が，これに帰属する，若しくは現物出資される有形ないし無形の要素から生産される，営業財産又は手工業的事業の運営を目的とする場合には，現物出資者又はその配偶者は，その主要な活動が会社の目的の実現と関わる場合に，労務出資をおこなうことができる」としている．そのため，妻がその夫の営業財産の運営に協力し，夫が将来的には営業財産を出資してその個人事業を有限責任会社形態に転換することを決めている場合には，妻は労務出資をおこなうことで，その協働に対する報酬支払いを受け続けることができる．すなわち，この場合法人のためにおこなう労働の対価としてその持分権を獲得するのである．

　―三点目の条項は民法典 1832-2 条に含まれており，婚姻中の者がおこなった出資に応じた，社員たる地位の配分条件について規定している．

　この問題は確かに重要ではあるが，このような出資がおこなわれた全ての場合に生じるというものでもない．例えば，夫婦別産制の下にある者が会社への出資をおこなったのなら問題は生じないだろう．このような配偶者は，それが自由におこなった，そして固有の持分あるいは株式を与えることになる出資の代償として，単独で社員たる地位を取得する．共通財産制の下でも，夫婦の一方がその特有財産を出資したときは同様となる．この場合，出資者はさらに社員たる地位として持分を取得するが，これも特有財産である．逆に，夫婦の一方が共通財産を出資し，さらにその共通財産部分によって持分を取得した場合には問題が生じることもある（夫婦双方が共同でこれをおこなったのなら，取得した

持分の半分について各々が社員たる地位を持つことになるだろう）．

　夫婦の一方が共通財産を出資した場合につき，民法典1832‐2条は二種類の会社を区別しようとしている．当該会社が株式会社である場合，株主たる地位は出資をおこなった夫婦の一方のみに認められるべきことになり，このような出資の代償として得られた株式が共通財産としての性質を有するとしても同様となる．言い換えれば，出資者たる夫婦の一方のみが株主たる地位にある以上，この一方が総会における議決権を有することになるのだが，例えばその後に夫婦が離婚した場合，少なくとも額面上，株式の半分が分割されることになる．
　その会社が有限会社あるいは合名会社であるならば，この場合出資者の配偶者は，独特の方法で，社員たる地位を要求する権利を取得する．民法典1832‐2条は実際には以下のように規定されている．「夫婦の一方は，1427条に規定する制限の下（無効をさす），その配偶者に対して事前に通知し，かつその行為に対して説明をし，交渉をしなければ，会社に出資するため，又は持分を得るために，共通財産を用いることはできない（1項）．社員たる地位は，出資をおこなった又は持分の取得をおこなった夫婦の一方に認められる（2項）．社員たる地位はまた，出資又は持分の2分の1について個人として社員となることを会社に通知した配偶者に対して認められる．出資又は持分取得のときにその意思が通知された場合には，他の社員の受容又は承諾は，夫婦の双方にしなければならない．この通知が出資又は持分取得の後になされた場合，その効果について定めた定款の承諾条項は当該配偶者に対して対抗することができる．承諾につき議決をおこなう場合，社員たる夫婦の一方は議決に参加せず，かつその持分は定数および過半数の算定においては算入されない」．

　例えば有限会社の場合を検討してみる．夫がそれまで個人的な形式で運用していた共通の営業財産を出資した場合である．夫はこの出資について妻に事前に通知する．そのため妻はその出資の代償として得られた持分の半分に対応する社員権を要求することができる．しかし，妻が当初はこの権利要求をおこな

っていなかった場合，後になって定款で定められた承諾条項の効果に直面するおそれがある．この民法典 1832-2 条を説明するにあたっては，多くの裁判例上の解決がなされていることを付け加えておくことができるだろう．

——出資者の配偶者は，社員たる地位に対する事後の請求を放棄することができるが，この放棄の意思は明確なものでなければならず，不明瞭なものであってはならない（Com., 12 janvier 1993, Bull. civ. Ⅳ, n° 9）．

——持分の取得が，配偶者からの 1 フランの出資という実質を伴わない額によっておこなわれた場合，1832-2 条は適用されない（Civ. 1ère, 17 janvier 1995, D. 1995, 401）．

——過去の離婚判決に既判力が生じていない以上，社員の配偶者は，その配偶者が出資し，または獲得した持分の半分につき，個人として社員たる地位があることを会社に通知することができる（Com., 18 novembre 1997, Bull. civ. Ⅳ, n° 298）．

さて，このような様々な法規定（民法典 1832-2 条や 1966 年 7 月 24 日法 38 条）を通じて，こんにち，法律は同一の会社内での夫婦の共存を徐々に容易にしてきたことがわかる．ここで夫婦の一方あるいは夫婦の双方が参加する会社制度について若干触れておく．

B　会 社 制 度

夫婦の一方や夫婦双方が同一の会社の社員として，ともに存在する場合について，それに固有の一般的条項があるわけではない．しかしながらそれぞれ三つの点につき言及しなければならない．

——まず，有限会社の業務執行者が過半数以上の持分を有するか否か，すなわ

ち定款や計算書類を作成し，労働契約を締結する権限を有するかを決するにあたり，一般租税法典（211条）は，その者自身が有する持分に，その配偶者が有する持分を加えるべきことを規定している（さらにこれには親権または後見の解放がされていない未成年の子が有する持分も加えられる）．

一次に，一般租税法典（239条BIS AA）は同族の有限会社，すなわち夫婦間または直系親族間もしくは兄弟姉妹間で成立した有限会社に特有の税制度を規定している．このような会社は，その会社が望む場合，資本商事会社に対する税制度にかわって，人的商事会社に対する制度が適用される可能性を有する．

一そして，1966年7月24日法の複数の規定が，夫婦間での持分の譲渡を容易にしている．例えば274条は，株式会社の定款に定められた承諾条項は，共通財産の清算または配偶者への分割の場合にはその効力を有しないとしている．44条も有限会社の場合に，同じような規定を設けている．しかしながら，このような自由という原則も絶対的ではありえない．実際，44条2項は，配偶者は定款で定める条件を承諾しなければ社員となることはできないことを，定款に記載することができると付け加えている．この場合必要になる絶対的過半数は持分の4分の3であるが，同法の45条は，承諾が得られなかった場合には，配偶者に対する承諾を得られなかった者の持分について，他の社員が買取り，または売却しなければならないと規定している．

III 営業譲渡に対する子の地位

事業が惹起する主要な法的問題の一つは，異論の余地なく死亡した事業主からの相続の問題である．実際の経験からして，このような相続は，前もって十分な用意をしておかなければ，しばしば微妙な問題を起こすことがある．望ましい年齢には満たないにもかかわらず，そしてとりわけ必要な経験がないまま，

子供が突如として事業主となってしまうこともありうる．死亡した事業主の相続人間で紛争が生じることもあるだろう．また，このような場合に課される相続税の負担が非常に重いため，税金を国に納めるため，事業の何がしかの要素を手放させる結果を招くこともある．

そこでこのような場合に適用される法規定を検討し，また，このような事業の相続を容易にさせている実務上の解決策を若干説明したいと思う．ここではその商事事業が個人的な形式の事業としておこなわれているか(A)，会社形式での事業としてか(B)によって分けて述べる．

A 個人的営業財産の譲渡

事業主が死亡した場合，彼がそのときまで運用していた営業財産の帰属は，その性質，すなわち共通財産か特有財産かによって異なる．もしこれが特有財産であった場合，商人の子に対してのみ所有権が相続され，子が複数いればその共有となるが，配偶者は営業財産につき用益権を得ることになる．これが共通財産であった場合，推定上2分の1は配偶者に帰属し，残りの2分の1について，その子らが各人の権利を行使できることになる．すなわち，多くの場合において，営業財産の不分割［indivision］が生じることになり，多くの問題が生じることが予想される．

——まず，一部の子らは18歳に満たない未成年ということもありえるし，そのため単独では商業活動をおこなえないことになる．

——次に，不分割につき管理上共同決定を要するとしている民法上の原則が，不分割によった場合の管理について問題を生じさせる．しかしながら，この原則は限界も認めている．民法典815-5条が定めるところがそれである．この文言によれば，「不分割者の一方は，他方不分割者の拒否が共通の利益に危険を与える場合，不分割者の同意が必要な行為をおこなう許可を，裁判所から得る

ことができる」．これに加えて，今日では不分割の合意も締結することができるが，これは一ないし複数の業務執行者を指名する合意で，用益権者を伴う場合あるいは伴わない場合もある（民法典1873-2条ないし1873-18条）．

　そして，不分割は原則として一時的な状態であり，個々の不分割者は，通常は何時にても，その不分割財産の分割を求め，適法に不分割を終了させることができる（しかし，この点については，こんにちでは民法典で若干の制限がなされており，財産をただちに分割することがその価値を損なうおそれがある場合に，一方が請求した分割の裁判上の執行停止が規定されている）．それゆえ不分割状態では，しばしば不分割者にあまり主導権が与えられないことになり，そのような財産の管理において，経済的に非常に期待外れな結果を招いている．

　このような状況では，一定の解決策について考慮することが実務上関心を集めている．

　夫婦の一方は営業財産を賃貸借に付することがある．この場合，財産の管理は，その責任において財産の運営をおこない，不分割者に使用許諾料を支払っている商人に委託される．さらにこのような処理は，承認が死亡に際して一名の子のみを商業に関与させ，さらにその子が未成年であるという特別な場合に不可欠である．営業の賃貸借によって，その子が，財産を売却せずに，成人して個人でその運営をおこなうことができるのを待つことが可能となるだろう．

　もう一つの解決策は分割手続をおこなって共同相続人間に生じた不分割を終了させることである．この点に関して，営業財産がその不分割対象の大部分を占めている場合に，その売却を避けるための非常に有用な方法が一つあろう．それは優先分与という方法である．民法典832，832-3および832-4条は，生存配偶者または共同所有権あるいは虚有権[7]を有する全ての相続人は，その主要な部分が家族的性格をなくしていない商事事業の全体に対して，場合によっ

ては清算金を支払うことで，分割による優先分与を求めることができるとしている．ここでは三つの所見を述べておこう．

——法律はこのような場合につき，例外的に事業を適用対象としており，したがって営業財産が関係するのみならず，場合によっては事業上の不動産も関係してくる．

——請求権者は実際に事業の運営に参加していたものでなければならない．

——相続人間の協議による合意が得られない場合，裁判所は当事者の利益に従って判断をしなければならない．それゆえ，「営業をおこない，これを維持しようとする複数の志望者の適性，とりわけ営業活動に個人的に参加していた期間」に応じて，複数の候補者の中からこれを選任しなければならないことになるだろう．

しかし，事業主の死亡後に生じるこのような処理とは別に，その生存中に採用される予防的な処理も考えられる．すなわち，贈与分割という方法である．これは尊属の合意のうえで子に対しておこなわれる現実の贈与であって，贈与される財産を受取人間で配分することを内容とする．したがって，尊属は，その生存中に，その権限の下，財産の全体あるいはその一部を分与することになる．こうして一般的には，相続人間での事後の争訟を避けうるという利益が生じる．これについては，以下のようなことも付け加えられるだろう．

——贈与分割によって，商人は生存しているうちに，商業活動に関与している子等に営業財産を移転することができる．

——贈与分割は贈与者の全ての財産を対象とすることはできず，この場合，残余の財産はその死亡時に法規に従って分割される．

―贈与者は，贈与した財産に対する用益権を留保することができ，有用な収入源を確保しておくことができる．

―夫婦が共通財産制を採用した場合，夫婦は共同して，その特有財産全体またはその一部，共通財産全体またはその一部を包括した，子に対する贈与分割に同意することができる．

―この行為では，尊属は，必要な場合には清算金を払うことで受贈者間の公平が保障されるよう望むことができるが，遺留分に関する規定に違背しないという唯一の制限の下，この財産の不平等な分割も望みうる．

―そして，税制上もこのような処理は有利なものとなり，その意味で立法の保護を受けている．譲渡税が65歳未満では35%免除され，75歳未満では25%免除される．

このような有利な規定は，さらに会社の持分を対象とする贈与分割の場合にも適用される．

B 会社形態による営業の譲渡

個人が会社形態を用いて商業活動をおこない，会社の持分あるいは株式を保有している場合でも，相続人に対する移転という問題は生じる．この者がなんらの準備もしていなかった場合，ここでのリスクは会社の持分の不分割が生じ，加えて，負担の重い課税の影響を受けることにある．しかしながら法領域では，考えられるもう一つの不都合について，立法者がこれを解消していたことを述べておく．それは会社の消滅そのものである．

確かに，合名会社では社員の死亡が法人の解散を招くという原則が残ってい

る．しかし1966年法7月24日法は，定款の作成時にこの原則を排除することを認め，将来の相続財産に関する合意の禁止という原則を排除することで，定款作成に大きな柔軟性を与えている．実際に同法21条は，生存中の複数社員，死亡した社員の配偶者，全ての相続人，相続人のうち，一部の者のみを，さらには遺言によって指名した一名を社員として，会社が存続することを定款で定めうると規定している．

これ以外の会社形態では，社員の死亡は会社の清算を招かないし，1966年法は原則として，相続人自身が自動的に社員となることを規定している．しかしこの規定は株式会社では絶対的なものであるが（274条），有限会社では絶対的ではない．なぜなら定款で相続人の社員身分の取得を他の社員の承諾に服せしめることができるからである（44条）．この承諾が得られなかった場合，社員は相続人の持分を，鑑定人の定めた価格で買い取る，あるいは第三者に買い取らせなければならなくなるだろう．

したがって，会社形態で活動をおこなっている親が死亡した場合，その子には，自身が社員となり商業活動をおこなう機会が十分にある．さらに年齢という条件を充たす必要はない．なぜなら，合名会社を除けば，社員となるには成人であることが要求されていないからである．

このような持分の税負担を軽減するため，事態を見越して，少なくとも部分的な持分あるいは株式の贈与分割をおこなうことが，実務上は強い関心を集めているといえる．贈与者のための用益権を留保して贈与分割をおこなうことが有用な方法であろう．このような方法は，税務領域では用益権の留保によって無償譲渡税の課税標準を低下させるという点で，会計学領域では，一定期間中，事業の所得が親に留保されるという点で既に関心を集めていた．そして法領域では，1988年1月5日法以降，虚有権者（すなわち商業活動の遂行に関与している子）と用益権者（すなわち親）の間の議決権配分を定款で定める自由が拡大した

ことから，さらに注目を集めているのである．

　また別の解決策もこんにちのフランスにおいて非常に多くおこなわれており，会社形態の事業の相続を改善しようという配慮が常にされている．最後に，前もって任意に指名しておいた者が子会社の実質的コントロールを留保することになるという点で，筆頭社員の急死により相続が開始した場合でも相続人間に資本が散逸することを避けられるようになる，持株会社の利用という例があげられよう．

　例をあげよう．ある株式会社の筆頭株主Aには三人の子供がいるが，そのうちの一人，Bだけが引継ぎの当事者であるとする．Aはその会社の30％の株式を完全にBに与え，Bはこれを新たな会社に出資して，A自身もこの新たな会社の株式をある程度引受ける．次にこの会社は，Aの有する残りの株式を取得するため，破産時の清算金を担保とする借入契約を銀行と締結する．最後に，Aは残り二人の子の権利を侵害しないよう，親会社からの収入を二人に与える．

　ここまで見たように，こんにち，取引法に関わる法律家は，次第に多くの場で，その主要な顧客である商事企業の要望に応えるため，家族法の考察をその中に取り込んでいるのである．

　訳　註
1) 取引法 droit des affaires は，実定法上の概念ではないが，商活動の遂行に関わる法を意味し，商法，民法，税法をはじめ，場合によっては労働法もその対象領域に含まれる．この意味では日本における「商事法」の意に近い．
2) ここでいう営利社団契約は，sociétéである．sociétéについて，民法学では「組合」，商法上は「会社」との語があてられる場合が多い．本稿ではこれを「営利社団」または「営利社団契約」として，商法上の問題が中心となる場面にのみ「会社」の語を用いた．
3) 本稿の民法典法文の翻訳にあたっては，一部について法務省司法調査部編『フランス民法典―家族・相続関係』（法曹会，1978年）を参照した．
4) indemnité compénsatoire 離婚時の補償と，280-1条2項の例外的な補償については稲本洋之助『フランスの家族法』（東京大学出版会，1985）51頁以下に詳しい．

5) action en retranchment 扶養義務を有する者が再婚した場合に生じる,被扶養者からの財産処分の制限訴権.
6) conjoint in bonis 財産に対する管理権限のある配偶者であって,本稿では夫婦のうち破産手続の対象となっていない配偶者を意味する.
7) nue-propriété ある物に対する処分権であるが,使用権および収益権を伴わない.

日本の法定夫婦財産制
―― 別産制神話の検証 ――

序　論／問題の提起

　1　定義を用意することなく問いに答えることは，危険な企てである．フランスにおいて，そして日本において，日本の法定夫婦財産制を別産制であるとする神話が支配的であるけれども，別産制の定義をしないまま日本の夫婦財産制を性格規定することには，意味がない．夫婦財産制に関する比較研究を深めようとする私たちの営みを意義のあるものとするのには，エクス・アン・プロバンスのある同僚が与えている定義を参照することから，これを始めるのが，よいであろう．クリスチャン・アチアス教授は，二つの要素の組み合わせをもって別産制を描く．すなわち，別産制の選択が意味するのは，「同時に，配偶者各自が別々に財産の管理をし〔別産制の第一の要素〕，そして，婚姻の解消に際し，何らかの分配もなされない〔同じく第二の要素〕」ということである[1]．

　2　日本の法定夫婦財産制においては，民法762条1項によるならば「夫婦の一方が婚姻前から有する財産及び婚姻中自己の名で得た財産は，その特有財産とする」と定められており，また，同条2項においては，「夫婦のいずれに属するか明らかでない財産は，その共有に属するものと推定する」と定められている．ここには，1においてアチアス教授の定義により明らかになった別産制の第一の要素を見出すことができる．

　3　なお，約定財産制（夫婦財産契約）は，一つの例外を除き，視野の外に置

くこととととする．例外というのは後述 25 であり，そこでは，夫婦財産制に関する私たちの考察から提起される諸問題の解決を考えるうえでの鍵として夫婦財産契約を考えることになる．しかし一般には，日本において，夫婦財産契約を結ぶことは稀である．それにはいくつかの理由があり，一つは社会学的な理由であり，もう一つは法律制度的な理由である．前者として，すくなくとも目下のところ日本には夫婦財産契約を結ぶ慣行がなく，また，婚姻届出後は，夫婦財産契約を新しく結んだり，いちど結んだ同契約を変更したりすることができず（民法755条・758条），したがって，夫婦財産契約の仕組を用いることに著しい不便のあることが，後者である．

4 この報告における私たちの着眼は，アチアス教授の指摘する別産制の第二の要素，すなわち婚姻解消時における夫婦間の財産分配の不存在を法定財産制のうちに見出すことができるか，に置かれる．この問いは，この報告の第一部で扱われるであろう．そこで否定の答え（言い換えるならば，何らかの仕方における財産分配の存在という結論）が与えられる際には，そこから派生する問題として，その分配の働き方を明らかにする必要があり，この課題は，第二部で扱われる．

第一部　婚姻解消に伴う財産分配の存否

第一部の序

5 婚姻解消時における配偶者間の財産分配の有無を問うにあたっては，まず，分配の二つの形態を区別しなければならない．

第一は，婚姻存続中にあって，法律上，夫婦が共同で所有してきたと認められる財産の婚姻解消時における分割である．フランス法における共通財産の清算は，これに当たる．

分配の第二の形態の場合においては，夫婦の財産は，婚姻継続中，夫婦各自に固有に帰属し，一方配偶者は，婚姻解消時に，その分与を請求することができる．フランス法においては，この形態の分配は，一つの約定財産制，すなわち後得財産参加制のうちに見出すことができる．日本にあって，それが見出されるのは，基本的に，法定財産制のうちにおいてである．民法762条によれば，各配偶者は，婚姻中に取得した財産の所有者であるものとされるからである．一方配偶者が企業に勤務し，他方配偶者が家事に従事する，という場合を想定してみよう．後者は，家事に従事することを通じ，夫婦の財産形成に重要な寄与をなしているが，法律上は，おもに勤労者であるほうの配偶者の名において受け取られた給与により形成される夫婦財産は，家事に従事する方の配偶者には帰属しない．第二の形態の分配の仕組は，婚姻解消時において，このような事態において生じうべき不合理な結果を矯正することを可能とする．

　6　婚姻解消の概念は，日仏のあいだに相異がない．そこで，解消の二つの場合を分けて考えることとなる．すなわち離婚による解消（次述A）と，一方の配偶者の死亡に伴う解消（後述B）である．

A　離婚に伴う財産分配

　7　まず何より離婚ということがありうるし，その場合には，婚姻が解消する．日本の民法は，二つの形態の離婚を定めており，それは，協議上の離婚と裁判上の離婚である．763条・764条によれば，夫婦は，全く自由に，戸籍上の届出をすることにより協議による離婚をすることができる．また，協議が成立しない場合においても，裁判所の言い渡す判決により離婚を達する途が開かれる．ただし，裁判所は，必ずしも自由な裁量により離婚の許否を決めることができるのではない．なぜならば，770条が，裁判所が離婚を言い渡すことのできる場合を制限的に列挙するからである．

8 離婚の効果として，配偶者の一方は，相手方配偶者に対し財産の分与を請求することができる．夫婦は，協議上の離婚の場合であると裁判上の離婚であるとを問わず，この財産分与請求権を有する．771条は，768条の規定を裁判上の離婚に準用するとしており，同条は，協議上の離婚の場合について財産分与の仕組を定める．財産分与は，まず何よりも，その方法と額を離婚当事者の協議により定めることができる．この協議が成立しない場合に，裁判所は，一方配偶者の請求により分与のありかたの主要な点を定める．

B 一方配偶者の死亡に伴う財産分配

9 婚姻は，一方配偶者の死亡によってもまた解消する．ただし，日本法は，夫婦財産法の枠組のうちにおける夫婦財産の清算の仕組を知らない．そのような清算を取り扱うのは相続法制である．民法890条によるならば，生存配偶者は，つねに被相続人たる死亡配偶者の相続人である．生存配偶者の相続分は，遺言のある相続であるかそうでないかに応じて定まる．

10 遺言のない相続は，日本においては"法定相続"とよばれ，生存配偶者に与えられる相続分は，法律の規定により当然に定まる．たとえば生存配偶者および死亡配偶者の子らが相続人となる場合には，生存配偶者は，民法900条1号により相続財産の2分の1を与えられる．

11 生存配偶者は，単なる相続人ではなく，遺留分権利者である．日本法においては，遺言者は，各相続人の相続分を定めることはできるものの，遺留分を侵すことはできない．そして，生存配偶者は，遺言者が相続財産全部を子らに与える旨の意思を表示する遺言を攻撃することができる．遺留分率としては，相続財産の少なくとも4分の1が生存配偶者に与えられることになっている（民法1028条・1044条・900条）．

第一部のむすび

12　ここまでの考察から得られた結論として，日本の法定財産制においては，婚姻解消の際における夫婦財産の分配が，たしかに存在する．換言するならば，各配偶者は，婚姻解消の際に夫婦財産の分与を請求することのできる権利を有する．ただし，この財産分与請求権が日本の私法体系のなかにおいて占める位置を明らかにしておく必要がある．離婚の効果として認められる分与請求権は，離婚の一つの効果にほかならず，したがって婚姻法の領域の一角に位置する．

第二部　婚姻解消に伴う財産分配の作用

第二部の序／概括的観察

13　婚姻解消の際に各配偶者が財産の分配を請求する権利があることは第一部で明らかになったところであり，次には，この財産分配の機能を考察することにしよう．この考察をするために，ここでは特に，離婚の際の財産分与において，分与請求を受ける配偶者が，資力を欠く，という場面を取り上げる．分与請求をする配偶者は，相手方配偶者に対し債権を有する者らとのあいだの競合を回避することができるであろうか．この問題を検討するための準備として，日本の破産法制と詐害行為取消権を紹介しておく．

14　日本の破産法制は，破産法により組織づけられており，同法は，1922年に制定された．この法律は，基本的にはドイツ法の影響を受けており，商人のみならず，消費者を含む非商人の破産にも適用される．破産法制定以来一貫して，倒産手続の呼称としては「破産」の語が用いられてきた．日本の法務省は，破産を含む倒産法制の改編作業に着手したが，〔この口頭発表が行なわれる時点においては〕これに関する政府提出の法律案は，いまだ国会の審議に附されていない．

15 　詐害行為取消権ないし否認権については，フランス法とのあいだに大きな差異はない．それは，一群をなす二つの系統の法律規定により基礎づけられる．すなわち破産外においては，民法424条以下に基づいて債権者らが債務者の行為を攻撃することができるのに対し，破産宣告があった場合には，破産法72条以下に基づいて管財人が同様のことをなす権限を有する．

16 　そこで，無資力に陥った配偶者が離婚に伴う財産分与としてなした夫婦財産の一部の譲渡が，同人の債権者らを害する性質のものである場合において，それは，詐害行為取消権または否認権による攻撃の対象となるか．このことの考察は，財産分与請求権のもつ堅固さと脆弱さを同時に浮き彫りにするはずである．

A　財産分与請求権の堅固さ

17 　離婚に際して配偶者に与えられる財産分与請求権は，詐害行為取消権および否認権による攻撃に抗する場面においては，十分な堅固さを示す．

18 　論点を整理するならば，それは，離婚に伴う財産分与として一方配偶者が他方配偶者へ財産の一部を譲渡する旨の協議が成立した場合において，前者の債権者らが詐害行為取消権または否認権に基づいて右協議を攻撃することができるか，ということにほかならない．判例は，これを否定に解することにより，民法768条所定の配偶者の権利を堅固なものとした．なぜならば最高裁判所は，1983年12月19日の判決において，次のように判示したからである．すなわち，債務者である配偶者が民法768条に則って成立させた財産分与協議は，たとえ当該配偶者が無資力に陥っている場合においても，債権者らにおいて，これを攻撃することはできない．ただし，離婚の際の財産分与の方法を定める審判をなすにあたり考慮すべきであるとされる要素を提示する同法768条3項

の趣旨に照らし，分与される財産の価額が過大であると認められるときは，別論である[2]．

B　財産分与請求権の脆さ

19　離婚の際に財産の分与を請求することのできる民法768条所定の権利は，相手方配偶者の破産に際し重大な脆さを呈する．ここで問題となるのは，破産法の92条と87条である．まず92条は，特別先取特権・質権・抵当権を有する者が，これらの権利の目的である破産者の特定財産について別除権を与えられる旨を定める．このようにして認められる別除権は，同法95条によるならば，破産手続の外で行使することができる．次に同法87条は，破産者に属していないにもかかわらず，事実として破産財団のなかにある財産について，破産宣告があっても，この財産を取り戻す権利（取戻権）は影響を受けないと定める．しかし，これらの仕組にもかかわらず，財産分与を請求することのできる配偶者の権利は，別除権と取戻権のいずれによる保護も受けることはない．

20　というのは，フランス法と異なり日本法は，配偶者の法定抵当権を知らないからである．日本法でいう抵当権は，つねに約定抵当権にほかならない[3]．したがって，財産分与を請求する配偶者の権利は，優先権的な保護を受けることができないこととなる．

21　財産分与請求権は，取戻権の仕組による保護との関係においても，大きな障害に直面する．なるほど，たしかに，離婚当事者は，その配偶者に対し，財産分与として夫婦財産の一部を請求することができる．しかし，この権利は，基本的には債権的な権利である性格を有するにとどまり，夫婦財産のなかの離婚当事者が請求することのできる部分は，形の上では，破産した他方配偶者に固有に帰属する（民法762条参照）．したがって，財産分与を請求する配偶者は，他の債権者との競合を避けることができない．近時，最高裁判所は，1990年9

月27日の判決において、このような取戻権否定の解釈を確認した[4]．

第二部のむすび

22 以上の考察を要約するならば，離婚に伴う財産分与請求権の作用は，その評価が微妙である．詐害行為取消権からの掣肘に対しては守りが堅固であるのに対し，破産手続における優先権行使という，攻撃に打って出る場面にあっては脆い．ひとくちにいって財産分与請求権は防衛的な性格をもつが，その理由は二つのことに求められる．第一は実際上の，第二は理論的な理由である．

23 実際上の観点からは，とりわけ民法768条2項の場合において，実体を与る裁判所（この場合は家庭裁判所）が分与すべき確定額を定める仕組になっていることを，まず指摘しなければならない．そこで裁判所は，夫婦財産の清算の必要性（分与の第一の要素）のみを考慮するのではない．くわえて，離婚当事者の一方が他方当事者に生活補償をすべき必要性（分与の第二の要素）を考慮し，さらにまた，有責離婚の場合にあっては無責の配偶者の被った精神的損害の賠償の必要性（分与の第三の要素）をも考慮に入れる．したがって実質的に分与の額は，実体を与る裁判所が財産分与の二重の（場合によっては三重の）作用を裁量的に斟酌して決定することとならざるをえない．したがって，財産分与の義務を負う配偶者の債権者らにとっては，裁判所の審判が出ない限り，財産分与額を知りえないこととなるから，もしこれをもって債権者との競合を免れるとするならば，それは重大な脅威となる．

24 財産分与請求権の法律的な構造という観点においては，この請求権が実際上孕むところの多様性が，その性質決定において影響を及ぼしている．日本の法律家らは，この権利を債権であると考えている．民法762条によるならば，夫婦の財産は，各配偶者に分別して帰属し，けっして共有財産を構成しない．したがって財産の分与を請求する配偶者は，所有権的な権利を有せず，また，

（フランス法における配偶者の法定抵当権のような）そのほかの物権も有しない．ここに，離婚に伴う財産分与を請求する配偶者が破産手続において取戻権が認められない理由が存在する．

結　語／一つの解釈論的問題

25　この報告も終わりに近づこうとしている．最後に一つの問題を取り上げることにしよう．その問題というのは，自体は日本の実定法解釈に関わる技術的な事柄であるものの，ここで私たちが行なってきた比較法研究のなかで光を当てるのに，ふさわしいものである．一人の男性が再婚に際して夫婦財産契約を結び，それにおいて，自身の死亡に伴う婚姻の解消の場合に，その固有財産の全部が新妻に帰属するべきものとする旨を約したとしよう．前妻の子らは，遺留分の侵害を理由として，この夫婦財産契約を攻撃することができるであろうか[5]．

26　この問題は，今日までのところ，日本において，あまり論じられてこなかった．それには，二つの理由がある．第一は実態に関わる理由であり，もう一つは理論的な理由にほかならない．3で指摘したように，日本において夫婦財産契約が結ばれることは，きわめて稀である．このことが，約定夫婦財産制の領域で論じられるべき叙上の論点をめぐる論議の不活発をもたらす．論議の不活発のもう一つの要因は，婚姻解消に伴う財産の夫婦間における財産の清算に関する法制度の構造に由来する．一方配偶者の死亡に伴う夫婦間の財産分配という問題の占める体系上の位置は，日本法にあって，きわめて微妙である．

　この問題が完全に相続法制から切り離され，したがって婚姻の法のなかに位置づけられるのであるとするならば，叙上の夫婦財産契約に基づく生存配偶者への財産全部の附与は，婚姻解消の一効果であるにとどまり，相続人らは，遺留分の侵害を理由に，これを攻撃することはできない．これに対し，この論点

を相続法制において扱うべきでものとする考え方に立つならば，反対に肯定の結論が導かれるであろう．そしてまた最後に，この論点をもって，基軸としては婚姻の法に置かれるべきものであるとしても，相続法制の機能とのあいだに有機的な連係を保つように配慮すべきであるとするならば，与えられるべき解答は，きわめて微妙なものとなる．

27　このように諸説が成立可能となることの背景には，夫婦財産制に関わって日本法の用いる法技術の多様性があり，それは，この国際交流に基づく私たちの二つの大学のこの共同研究においても，明らかになったことである．この報告の冒頭に紹介したアチアス教授の所説によれば別産制には，二つの要素があった．第一の要素は，婚姻継続中における財産管理の分離であり，日本の法定夫婦財産制において，明確に，これを肯定することができる．これに対し別産制の第二の要素，すなわち，婚姻解消時の財産清算の不存在について，日本法がどうなっているか，と言えば，それは，二面的な相貌を呈する．すなわち配偶者間における財産の清算に関わって用いられる法技術がどのようなものであるかは，婚姻解消の事由が何であるかに応じて異なる．離婚に伴う財産分与の場合には，夫婦間の財産の清算は，離婚の効果の一つとして，すなわち，婚姻の法において扱われる．これに対し一方配偶者死亡に伴う財産の清算にあっては，それは，相続法制に服する．フランスの法定財産制において，これらの問題が基本的には，一元的に共通財産の清算として取り扱われるのに対し（もっとも，微細に観察するならば，この点について若干の問題があることについては，いずれも本書に収められたラヴァナス教授およびメストル教授の報告を見よ），これときわだった対照をなして，日本法においては，けっして一元的ではない（もっと率直に言えば二元的な）仕組が採られる．縷々申し述べてきた日仏の両法の比較は，日本の民法研究者をして，夫婦財産制に関わる様々な法技術に思いを致し，とりわけ，婚姻解消に伴う夫婦の財産清算のありかたを，より立ち入って検討することの重要性を意識せしめるであろう．そして，そのことが，二つの大学の関係者が交流二〇周年を記念し二日を費やして議論を尽くしたところの所産の

一つであると信ずる．

1) Christian ATIAS, Le droit civil, collection "que sais-je?", 1984, p. 101.「分配」の原語は «partage» であり，語感に忠実な和語は，むしろ分割であるかもしれない．本稿では，本文 g に提示する二義を分配の概念に含ませ，これをもって法比較を進めるための作業上の概念として役立てることとする．特定の国（日本）の実定法上の概念を連想させる分割（民法 256 条）の使用は，避ける．なお同様に，分与の語も，日本の実定法上の概念（同法 768 条・771 条）として登場させる文脈においてのみ用いる．
2) 最判昭和 58 年 12 月 19 日民集 37 巻 10 号 1532 頁．
3) Akio YAMANOME, Les sûretés japonaises : différences et ressemblances avec les sûretés françaises, Les Petites Affiches, numéro 126, du 21 octobre 1987.
4) 最判平成 2 年 9 月 27 日家庭裁判月報 43 巻 3 号 64 頁．
5) 鈴木禄弥「夫婦財産契約の対抗力―民法 756 条の登記の意義」民事研修 359 号（1987 年）．

［追記］　本稿は，シンポジウム第二日に行なった仏語報告のために用意した草稿に基づいて作成した．同日に行なわれた私法関係の日本側報告は，これと野澤所員のものとの二本である．課題の選択決定にあたっては，同所員の論題を親族法領域から，また，私のものを財産法的観点の濃いものにすることとしたが，両者のあいだにおいては，これに加え，次のような視点も，考慮することとした．すなわち，当日の会場には，日仏両国からの参加者がおり，いずれの方々においても，十分な熱意をもって参加していただける雰囲気を調えることが，望まれる．そこで，（両国の実定法にそれぞれ注意を払うとともに，その比較という観点に留意すべきことは共通であるにしても）各報告において主に話しかけるべき人々として野澤報告は日本側参集者を，また，私の報告はフランスからの参加者を想定することとした．両報告の論調に差異があるのは，このような趣旨によるものである．本稿の文体が翻訳的であるのも，できるかぎり当日の様子に近づけてシンポジウムの成果を記録にとどめたいとする意図に基づく．諸賢の海容を請い求める．

中央大学―エクス・マルセイユ第Ⅲ大学
国際交流20周年記念シンポジウム
日本比較法研究所 主催

Colloque commémorant le 20ème anniversaire de coopération
interuniversitaire entre les Universités d'Aix-Marseille Ⅲ et de CHUO,
organisé par l'Institut Japonais de Droit Comparé

「今日の家族をめぐる日仏の法的諸問題」
—Problèmes juridiques concernant la famille d'aujourd'hui en France et au Japon—

Université Chuo

1998年10月8日（木），9日（金） 10:00～16:30
中央大学多摩校舎1号館 1406号室

Les 8, 9 octobre 1998

「花の陰　あかの他人は　なかりけり」

　皆様への感謝の言葉を述べる機会をお与えくださり，ありがとうございます．椎橋先生，今回のシンポジウムを企画してくださり，ありがとうございました．シンポジウムに参加してくださった中央大学法学部の諸先生，および比較法研究所の皆様にもお礼申しあげます．わたしたちエクス・マルセイユ第Ⅲ大学は，中央大学と20年にわたり交流することができて，とても幸せに思っています．そして，このような交流がこれからもずっと続いていくことを願っています．わたしたちのル・ベール法学部長は，本日ここにわたしたちとともに出席したかったのですが，残念ながら公務のためにエクスにとどまらざるを得なくなりました．くれぐれも皆様によろしくとお伝えください，とのことでした．

　これまで20年続いてきたわたしたちの交流は，つねに最良のものでした．まず教員の交流についていえば，エクス・マルセイユ第Ⅲ大学は，一年おきに中央大学の先生を受け入れてきました．このことを，わたしたちはたいへん幸せに思っております．エクスにこられた先生方はみな，楽しい思い出と大きな成果を，わたしたち同僚と学生のあいだに残してくださいました．また，わたしたちの側からも，一年おきに教員を中央大学に派遣してきました．もちろん，わたしたち全員が，日本語というきわめて大きな困難をかかえていました．日本語は，たいへん魅力的であると同時に，神秘に満ちた言葉です．残念ながら，わたしは日本語で話をすることはできません．しかしながら，この交流のなかで，わたしたちは，日本の美しい文化や法とのあいだに，つながりをもつことができました．そのような機会が得られたことを感謝しております．

他方，学生の交換は，教員のそれにくらべて，これまでやや控えめでした．けれども現在では，わたしたちの法学部は，中央大学からの学生を受け入れ始めました．昨年は，中央大学法学部から二人の学生を迎えました．二人ともたいへん優秀でした．今日，聴衆の方々のなかに，この二人の姿を確認することができて，とても嬉しい気持ちでおります．エクスからの学生の派遣はどうかといえば，事情はやや複雑です．それでも今年は一人を中央大学へ送ることができました．この女子学生は，向学心と，日本語学習への熱意にあふれています．ともかく，エクス・マルセイユ第Ⅲ大学から中央大学への学生派遣は，始まったばかりです．

皆様へのご挨拶を終えるにあたって，わたしたちが日本にきて，中央大学に滞在しているときの気持ちをお伝えしたく思います．わたしは，日本の有名な詩人（俳人）小林一茶の，一句を思い出すのです．この一茶の俳句を，わたしは，つぎのように理解しています．あちこちの花の陰で —— 花の陰とは，物質的な意味だけでなく，精神的な意味でもあります——，遠くからきた人，海の向こうからやってきた人，外国人，見ず知らずの人が，とても幸せな気持ちになって，日本人とのあいだでおたがいを友のように感じている，と．「花の陰　あかの他人は　なかりけり」　これが，皆様にたいするわたしたちの今の気持ちです．どうもありがとうございました．

(1998年10月8日のシンポジウム冒頭での
　　ジェラール・レジエ教授の挨拶より．西海真樹　訳)

編　者

西　海　真　樹　日本比較法研究所所員　中央大学教授（国際法）

山野目　章　夫　前日本比較法研究所所員　早稲田大学教授（民法）

執筆者・訳者（執筆順）

ルイ・ファヴォルー（Louis FAVOREU）　　エクス・マルセイユ第Ⅲ大学教授（憲法）

植　野　妙実子　日本比較法研究所所員　中央大学教授（憲法）

西　海　真　樹　編者紹介参照

ジェラール・レジエ（Gérard LÉGIER）　　エクス・マルセイユ第Ⅲ大学教授（国際私法）

多　喜　　寛　日本比較法研究所所員　中央大学教授（国際私法）

ジャック・ラヴァナス（Jacques RAVANAS）エクス・マルセイユ第Ⅲ大学教授（民法）

矢　澤　久　純　中央大学大学院法学研究科民事法専攻博士後期課程（民法）

野　澤　紀　雅　日本比較法研究所所員　中央大学教授（民法）

ジャック・メストル（Jacques MESTRE）　　エクス・マルセイユ第Ⅲ大学教授（取引法）

勝　亦　啓　文　日本比較法研究所嘱託研究員　相模女子大学非常勤講師（労働法）

山野目　章　夫　編者紹介参照

今日の家族をめぐる日仏の法的諸問題　　日本比較法研究所研究叢書（52）

2000年7月31日　初版第1刷発行

編　者　西　海　真　樹
　　　　山野目　章　夫

〈検印廃止〉

発行者　辰　川　弘　敬

発行所　中央大学出版部

〒192-0393
東京都八王子市東中野742-1
電話 0426-74-2351・振替 00180-6-8154

ISBN4-8057-0551-5　　ニシキ印刷　一重製本

日本比較法研究所研究叢書

№	著者	書名	判型・価格
1	小島武司 著	法律扶助・弁護士保険の比較法的研究	Ａ５判 2800円
2	藤本哲也 著	CRIME AND DELINQUENCY AMONG THE JAPANESE-AMERICANS	菊判 1600円
3	塚本重頼 著	アメリカ刑事法研究	Ａ５判 2800円
4	小島武司／外間寛 編	オムブズマン制度の比較研究	Ａ５判 3500円
5	田村五郎 著	非嫡出子に対する親権の研究	Ａ５判 3200円
6	小島武司 編	各国法律扶助制度の比較研究	Ａ５判 4500円
7	小島武司 著	仲裁・苦情処理の比較法的研究	Ａ５判 3800円
8	塚本重頼 著	英米民事法の研究	Ａ５判 4800円
9	桑田三郎 著	国際私法の諸相	Ａ５判 5400円
10	山内惟介 編	Beiträge zum japanishen und ausländischen Bank- und Finanzrecht	菊判 3600円
11	木内宜彦／M・ルッター 編著	日独会社法の展開	Ａ５判 2500円
12	山内惟介 著	海事国際私法の研究	Ａ５判 2800円
13	渥美東洋 編	米国刑事判例の動向Ⅰ	Ａ５判 4900円
14	小島武司 編著	調停と法	Ａ５判 4175円
15	塚本重頼 著	裁判制度の国際比較	Ａ５判 (品切)
16	渥美東洋 編	米国刑事判例の動向Ⅱ	Ａ５判 4800円
17	日本比較法研究所 編	比較法の方法と今日的課題	Ａ５判 3000円
18	小島武司 編	Perspectives On Civil Justice and ADR：Japan and the U.S.A	菊判 5000円
19	小島・渥美・清水・外間 編	フランスの裁判法制	Ａ５判 (品切)
20	小杉末吉 著	ロシア革命と良心の自由	Ａ５判 4900円
21	小島・渥美・清水・外間 編	アメリカの大司法システム(上)	Ａ５判 2900円
22	小島・渥美・清水・外間 編	Système juridique français	菊判 4000円
23	小島・渥美・清水・外間 編	アメリカの大司法システム(下)	Ａ５判 1800円

日本比較法研究所研究叢書

No.	編著者	タイトル	判型	価格
24	小島武司・韓相範編	韓国法の現在(上)	A5判	4400円
25	小島・渥美・川添・清水・外間編	ヨーロッパ裁判制度の源流	A5判	2600円
26	塚本重頼著	労使関係法制の比較法的研究	A5判	2200円
27	小島武司・韓相範編	韓国法の現在 下	A5判	5000円
28	渥美東洋編	米国刑事判例の動向Ⅲ	A5判	3400円
29	藤本哲也著	Crime Problems in japan	菊判	(品切)
30	小島・渥美・清水・外間編	The Grand Design of America's Justice System	菊判	4500円
31	川村泰啓著	個人史としての民法学	A5判	4800円
32	白羽祐三著	民法起草者穂積陳重論	A5判	3300円
33	日本比較法研究所編	国際社会における法の普遍性と固有性	A5判	3200円
34	丸山秀平編著	ドイツ企業法判例の展開	A5判	2800円
35	白羽祐三著	プロパティと現代的契約自由	A5判	13000円
36	藤本哲也著	諸外国の刑事政策	A5判	4000円
37	小島武司他編	Europe's Judicial Systems	菊判	3100円
38	伊従寛著	独占禁止政策と独占禁止法	A5判	9000円
39	白羽祐三著	「日本法理研究会」の分析	A5判	5700円
40	伊従・山内・ヘンリー編	競争法の国際的調整と貿易問題	A5判	2800円
41	渥美・小島編	日韓における立法の新展開	A5判	4300円
42	渥美東洋編	組織・企業犯罪を考える	A5判	3800円
43	丸山秀平編著	続ドイツ企業法判例の展開	A5判	2300円
44	住吉博著	学生はいかにして法律家となるか	A5判	4200円
45	藤本哲也著	刑事政策の諸問題	A5判	4400円
46	小島武司編著	訴訟法における法族の再検討	A5判	7100円

日本比較法研究所研究叢書

47	桑田三郎 著	工業所有権法における国際的消耗論	A5判 5700円
48	多喜 寛 著	国際私法の基本的課題	A5判 5200円
49	多喜 寛 著	国際仲裁と国際取引法	A5判 6400円
50	眞田・松村 編著	イスラーム身分関係法	A5判 7500円
51	川添・小島 編	ドイツ法・ヨーロッパ法の展開と判例	A5判 1900円

＊価格は本体価格です．別途消費税が必要です．